U0448412

# 一本书的图书馆之旅

——图书馆阅读推广十五年

金龙 著

商务印书馆
The Commercial Press

2019年·北京

## 图书在版编目(CIP)数据

一本书的图书馆之旅:图书馆阅读推广十五年/金龙著.—北京:商务印书馆,2019
ISBN 978-7-100-16889-2

Ⅰ.①—… Ⅱ.①金… Ⅲ.①图书馆—读书活动—研究 Ⅳ.①G252.17

中国版本图书馆 CIP 数据核字(2018)第 280915 号

**权利保留,侵权必究。**

一本书的图书馆之旅
——图书馆阅读推广十五年
金龙 著

商 务 印 书 馆 出 版
(北京王府井大街36号 邮政编码100710)
商 务 印 书 馆 发 行
北京市艺辉印刷有限公司印刷
ISBN 978-7-100-16889-2

2019年4月第1版 开本880×1230 1/32
2019年4月北京第1次印刷 印张 7½
定价:35.00 元

# 目 录

序 ························· 詹福瑞 1

引 言 ····································· 1

**第一章 游走在官方与民间之间：文津图书奖** ······ 14
    文津图书奖的设立 ····················· 15
    官方的还是民间的？ ··················· 17
    公益、公正可不可以接受赞助？ ········· 18
    要不要反映社会现实？ ················· 22
    奖项设置与图书分类 ··················· 24
    要本土原创还是要译著？ ··············· 29
    为何图书馆界积极响应？ ··············· 32
    "北有文津、南有陶风" ················ 34

**第二章 当看展成为时尚：图书馆展览** ·········· 36
    国家图书馆展览历史追溯 ··············· 38
    图书馆展览与阅读推广 ················· 45

"看展"何以成为时尚? ………………………… 48
图书馆展览如何时尚? ………………………… 49

## 第三章　学术文化争鸣的平台：图书馆讲座 ………… 55

何为讲座? ………………………………………… 56
如何定位图书馆讲座? …………………………… 58
国家图书馆讲座历史追溯 ………………………… 63
没有策划就没有讲座 ……………………………… 68
讲座的首要价值 …………………………………… 71
讲座需要传播 ……………………………………… 74
全国公共图书馆讲座业务调查 …………………… 75

## 第四章　知行合一的立体化阅读：阅读之旅 ………… 84

"阅读之旅"与游学 ……………………………… 86
中国古人的游学 …………………………………… 88
关于游学的误解 …………………………………… 94
游学在当代的价值 ………………………………… 96
当代游学的困境 …………………………………… 100
图书馆开展游学的优势与难点 …………………… 103

## 第五章 "水土不服"的舶来品：图书漂流 …………… 109
国外的图书漂流 ……………………………… 110
图书漂流来到中国 …………………………… 112
最近的一次尴尬 ……………………………… 116
"水土不服"的原因 …………………………… 118
"接地气"的有益尝试 ………………………… 123

## 第六章 各秉所长，资源共享：
图书馆讲座联盟 …………………… 125
联盟诞生的背景 ……………………………… 126
联盟的创建过程 ……………………………… 131
联盟在探索中发展 …………………………… 133

## 第七章 你的阅读到底谁做主：读书推荐 …………… 139
书目推荐的历史 ……………………………… 140
国家图书馆的书目推荐 ……………………… 143
图书馆书目推荐的方式 ……………………… 145
图书馆书目推荐的必要性 …………………… 147
图书馆书目推荐的原则 ……………………… 149
图书馆书目推荐的不足 ……………………… 152

## 第八章　当阅读"占领"地铁：地铁图书馆……155
- 国内外的地铁图书馆 …… 156
- "M地铁·图书馆" …… 161
- 地铁图书馆的基本服务模式 …… 165
- 我国地铁图书馆何以快速发展？ …… 166
- "M地铁·图书馆"的启发与思考 …… 169

## 第九章　互联网时代的教育变革：网络公开课……173
- MOOC的由来 …… 174
- MOOC来到中国 …… 176
- MOOC遇见图书馆 …… 177
- 为什么说MOOC是教育的革新？ …… 181
- 公共图书馆如何做好网络公开课？ …… 182

## 第十章　每个人的阅读推广：新媒体的运用……187
- 新媒体与图书馆 …… 188
- 图书馆开展新媒体阅读推广的必要性 …… 191
- 国家图书馆阅读推广的新媒体运用 …… 195
- 新媒体阅读推广的成功案例——文津经典诵读 …… 198
- 图书馆运用新媒体开展阅读推广的重点 …… 203

## 第十一章　未来正来，将至正至：
### 大数据时代的阅读推广 …………… 206
迈进大数据时代的门槛 ………………… 207
大数据背景下的图书馆阅读推广反思 ………… 209
大数据对于图书馆阅读推广的作用 ………… 211
大数据时代对图书馆人阅读推广的考验 ………… 213

## 第十二章　图书馆阅读推广的一个趋势：
### 部门边界消弭 …………………… 214
图书馆越来越多的部门投入到阅读推广中 ………… 215
多部门开展阅读推广的条件 ………………… 220
关于多部门开展阅读推广的思考 ……………… 223

## 后　记 ……………………………………… 226

# 序

詹福瑞

20世纪70年代后期，人们走出了十年文化荒漠，迸发出如饥似渴的读书热情，每天清晨图书馆前排起的长龙，是城市里的一道风景。读书之热持续了十余年，到80年代后期，全社会又起经商大潮，造原子弹的不如卖茶叶蛋的，一段时间读书无用论甚嚣尘上，到2004年前后，读书渐入低谷，有的图书馆门可罗雀。

出于图书馆人的责任感，中国图书馆学会把4月23日世界图书与版权日引到中国来，改变为"世界读书日"，并提出全民阅读口号，提倡全民阅读，试图用各种各样的读书活动，把人们重新吸引到图书馆来，使读者回到书的身边。在老馆长任继愈先生提倡创办的文津讲坛基础上，国家图书馆又开设了文津读书沙龙，创立了文津图书奖。文津读书沙龙不同于文津讲坛，意在给作者与读者、读者与读者之间提供平等自由交流的平台。文津图书奖受到美国国家图书奖的启发，但

---

※ 本文作者为国家图书馆原馆长。

又有很大不同。作为读书机构发起的图书奖，它的初衷是以图书奖为平台，为作者、出版者和读者建起一座可以沟通互动的津梁。此奖自设立到现在，坚持了近十五年，从其效果看，确实发挥了鼓励作者和出版者出好书、读者读好书的作用。

金龙毕业于中国人民大学，2004年到国家图书馆工作。入馆后，主要工作就是负责讲座、文津图书奖、文津读书沙龙、文津经典诵读等阅读推广项目，亲历了阅读推广的发展。我参加活动时，偶尔会遇到他，谈话间，给我的印象是彬彬有礼，善于思考，看得出是有学养的青年馆员。遇到曾来文津讲坛或文津图书奖、文津读书沙龙的学界朋友，他们也会谈到金龙，知道在学界他也有好评。现在，金龙写成《一本书的图书馆之旅》这部著作，以国家图书馆为中心，对图书馆界十五年之久的阅读推广服务进行了认真的总结和学术性探讨，做了一件很有意义的工作。

《一本书的图书馆之旅》既有学术价值，又有实践意义。金龙讨论阅读推广，并不是就事论事，把书写成工作总结，而是追溯阅读推广的中外历史，厘清概念的内涵和其发展历程，虽然篇幅不多，却把阅读推广的历史梳理得脉络清晰。对阅读推广，作者也有个人的思考："图书馆阅读推广，就是运用图书馆的文献、馆舍空间、社会影响力等各种资源，通过多样的方式，使人认识到阅读的价值，激发人的阅读兴趣、提高人的阅读能力、帮助人实现有效阅读，从而促进人的独立思考、提升人的综合素养的行为过程。"一说活动，人们往往想到轰轰烈烈；一说阅读推广，也常常想到唤起社会读书热情，仅此而已。金龙关于阅读推广的理解却有其纵深度，考虑到了阅读能力的提高，人的有效阅读，进而深入到人的素养。在其关于阅读推广的五点思考里，他进一步阐述了这一思想并有新的扩展，五点思考已经涉及阅读的终极目的、阅读的自由、阅读服务的均等化、多样性以及阅读推广与图书的关系，等等。又如，关于展览与阅读推广的关系，此书也有充分的分析。当然，就图书馆而言，所谓研究，并非从理论到理论就是研究。图书馆学作为管理科学，许多研究课题来自实际管理工作，在管理工作中发现问题，开展调研，深入思考，借助某种理论或者自创一种模式科学合理地解决问题，就是研究。金龙的这部著作就说明了这一点。如图书馆为什么要搞展览？与其他展览馆的展览有何区别？展览与阅读关系如何？书中通过考察国家图书馆和各图书馆展览的实践，从几个方面一一给予说明，对图书馆如何做好独具特色的展览工作颇有启发意义。此外，关于图书漂流水土不服等问题的思考，也都切合实际，有一定深度。

## 一本书的图书馆之旅

书是叫人读的,但现在的研究著作多做八股文章,呆板教条,似乎存心使人读不下去。我虽然勉强也算研究人员,不得不读这些著作或博士论文,实在说,多少阅读都受尽折磨。金龙的《一本书的图书馆之旅》,如其所言,尽力避免写成单一的工作用书,希望能够被更多人接受,使更多人关注图书馆及其阅读推广服务。所以从书名到篇章题目都力求新颖,文字亦流畅可读,使我能够饶有兴致地一口气读完,也是值得称道的。

国家图书馆是百年老馆,曾有名家云集的时期,但是到了本世纪初,面临人员老化、青黄不接的局面。所以国家图书馆以人才兴馆作为发展之策,大力引进人才,每年以七十到八十人的规模接收博士和硕士研究生为主体的大学毕业生,希望以此来造就国家图书馆21世纪现代化、国际化的馆员队伍。十余年过去了,这些人都已经成为业务骨干,相当一部分人已经是副研究馆员,有的甚至晋升为研究馆员,还有的成为部门的负责人。每当听到他们进步的消息,我都为之感到高兴。真心祝福他们每个人都能成为国家图书馆的栋梁之才,每个人都生活幸福。更希望国家图书馆在这一代人的努力下,创造新的鼎盛时期。而这,也许就是我为金龙欣然写序的原因吧。

2019年1月22日

# 引 言

2019年是图书馆界公开倡导"全民阅读"十五周年。2004年4月23日国内首次"世界读书日"宣传活动在国家图书馆举办。这次活动由全国知识工程领导小组和文化部主办，中国图书馆学会和国家图书馆承办，北京科教图书馆协办。活动主题正是多年后脍炙人口的"倡导全民阅读 共建书香中国"。近千名各界人士出席了本次活动。全国政协副主席、中国科协副主席王选和文化部原副部长吕志先共同为"全民阅读"徽标揭牌；全国知识工程领导小组成员、文化部领导、联合国教科文组织官员先后致辞；中国图书馆学会常务副理事长、国家图书馆馆长詹福瑞宣读了号召社会各界在4月23日走进图书馆的《倡议书》。

2019年是"世界读书日"来到中国十五周年。上述2004年4月23日的宣传活动标志着联合国教科文组织确定的"世界读书日"首次被引进中国。这是第九个"世界读书日"，400名来自高校、小学的师生，幼儿园的小朋友以及图书馆员们，与著名作家、艺术家一起进行了精彩的"经典美文百人接力朗读"。中央电视台《前沿》栏目对此做了专题报道，另有四十余家新闻媒体同时进行了报道。自此我国图书馆界每年都会庆祝"世界读书日"，在这一天举办倡导阅读的大型活动。这个充满书香的日子逐渐为越来越多的中国人所知晓。

2019年是"文津图书奖"和"文津读书沙龙"创办十五周年。2004年，国家图书馆詹福瑞馆长提出了设立"文津图书奖"和"文津读书沙龙"的创意，希望以此为抓手推动"全民阅读"。自2005年首届"文津图书奖"评选结果揭晓以来，该奖项已经举办了十三届，与"文津读书沙龙"一起成为国家图书馆的阅读推广品牌项目，影响力覆盖全国。2009年这两个姊妹品牌共同荣获中宣部和新闻出版总署联合颁发的"全民阅读优秀项目"。

此外，2019年我在国家图书馆工作将满十五年。非常幸运，这正是图书馆倡导"全民阅读"的十五年，而且这十五年里的绝大部分时间我都在从事阅读推广工作，负责过讲座、文津图书奖、文津读书沙龙、文津经典诵读、图书漂流等工作，也参与过培训、展览、阅读之旅、地铁图书馆等项目，同时与各界同人在阅读推广方面多有业务交流与合作，亲历并见证了十五年来阅读推广的发展历程。

虽然"全民阅读"从正式提出至今只有十五年,"阅读推广"一词的使用时间也不长,但阅读推广并非新生事物,关于阅读意义、阅读指导、阅读方法、阅读习惯、阅读兴趣的研究和实践早已有之。"孔子曰:入其国,其教可知也。其为人也温柔敦厚,《诗》教也;疏通知远,《书》教也;广博易良,《乐》教也;洁净精微,《易》教也;恭俭庄敬,《礼》教也;属辞比事,《春秋》教也。"[1]这说明孔子对于阅读作用的重视。"温故而知新,可以为师矣"[2],"学而不思则罔,思而不学则殆"[3],是孔子提出的阅读和学习方法。文学理论专著《文心雕龙》被一些学者视为"一部杰出的古代阅读学著作"[4]。唐代诗歌创作的繁荣也带动了关于诗歌阅读鉴赏的发展,例如王昌龄在其论诗专著《诗格》中提出的"三境""三不""三宗旨""五趣向"和"五用例",这些既是诗歌的创作方法,同时也为诗歌阅读提供了指导。朱熹强调读书穷理,认为"为

---

[1] 王文锦译解:《礼记译解》,中华书局,2016年,第650页。
[2] 杨伯峻译注:《论语译注》,中华书局,2007年,第22页。
[3] 同上书,第23页。
[4] 李志红:《一部杰出的古代阅读学著作——〈文心雕龙〉新论》,《河南师范大学学报》(哲学社会科学版),1991年,第18卷,第4期。

学之道，莫先于穷理；穷理之要，必在于读书；读书之法，莫贵于循序而致精；而致精之本，则又在于居敬而持志"①。他的弟子概括归纳出"朱子读书法"六条，即循序渐进、熟读精思、虚心涵泳、切己体察、着紧用力、居敬持志。这六条之间不是孤立的，而是按照内在逻辑相互联系有机结合在一起，是一个完整的读书、求学、进业的程序和步骤。例如，"与其泛观而博取，不若熟读而精思"②指出读书不在于多而在于精；"抑读书之法，要当循序而有常、致一而不懈"③指出读书要循序渐进、坚持不懈；"从容乎句读文义之间，而体验乎操存践履之实"④指出阅读要与实践相结合；"读书有三到：谓心到、眼到、口到"⑤指出阅读要用心投入。在《四书章句》中，朱熹不但推荐了必读书目，而且阐述了阅读和学习要有次第的观点。梁启超的《国学入门书要目及其读法》《要籍解题及其读法》论述了读书方法，在《治国学杂话》中不但

---

① [宋] 朱熹撰，朱杰人、严佐之、刘永翔主编：《朱子全书》（二十），上海古籍出版社、安徽教育出版社，2002年，第668页。
② [宋] 朱熹撰，朱杰人、严佐之、刘永翔主编：《朱子全书》（二十二），上海古籍出版社、安徽教育出版社，2002年，第2529页。
③ [宋] 朱熹撰，朱杰人、严佐之、刘永翔主编：《朱子全书》（二十三），上海古籍出版社、安徽教育出版社，2002年，第2671页。
④ 同上。
⑤ 同上书，第374页。

推荐抄录笔记等具体方法，而且极为重视阅读习惯和阅读兴趣的培养。他说："一个人总要养成读书趣味。打算做专门学者，固然要如此。打算做事业家，也要如此，因为我们在工厂里在公司里在议院里在……里做完一天的工作出来之后，随时立刻可以得着愉快的伴侣，莫过于书籍，莫便于书籍。但是将来这种愉快得着得不着，大概是在学校时代已经决定。因为必须养成读书习惯才能尝着读书趣味。……所以在学校中不读课外书以养成自己自动的读书习惯，这个人简直是自己剥夺自己终身的幸福。"① 如此等等，不一而足。此外，古代文人的游学，古代书院的讲会，也都与阅读推广关系紧密。

实业家、教育家、社会活动家卢作孚担任峡防团务局局长后于1928年5月开办峡区图书馆，并通过媒体、宣传栏等各种渠道大力宣传图书馆"不专是收藏图书，重在供人阅览，重在指导人阅览"②，他举办读书会，开办学习班，提高了人们的文化水平和综合素质。从20世纪20年代末起，叶章和、李小缘等从海外留学归来的有识之士在《图书馆学季刊》上

---

① 梁启超著，沈鹏等主编：《梁启超全集》（十四），北京出版社，1999年，第4242页。
② 《峡区周年来经营的事业》，《嘉陵江日报》，1928年6月30日。

发表了关于图书馆阅读推广的文章，引入了国外的阅读推广新理念，并提出了图书馆开展阅读推广的思路与新举措。一些图书馆将之付诸实践，开展了读书会、巡回讲座、读者竞赛等阅读推广活动。国家图书馆在20世纪20年代就已经开始参加、举办图书展览，至50年代更加重视阅读推广，内容与形式也更加丰富多样。"北京图书馆建国以来逐步展开了各种形式的图书宣传活动，指导读者阅览，推荐优秀图书。……讲演报告会也是北京图书馆经常用来指导阅读、推荐优秀图书、介绍作家作品、阐述学术问题的活动方式。"[1] 在讲座会场上"还印发与课题有关的辅助材料，如提纲、参考书目等，或配合演讲内容举办有关的图书和图片展览、诗歌朗诵、放映幻灯、电影等"[2]。1971年4月全国出版工作座谈会在北京举办，会议纪要的第9条明确指出："（图书馆）要根据图书内容、读者对象和工作需要，确定借阅办法，并加强读书指导。"[3] "经常进行读者阅览倾向的调查分析……举办专题或者综合性小

---

[1]《北京图书馆十年》，《北京图书馆馆史资料汇编》（二），北京图书馆出版社，1997年，第845页。
[2] 李希泌、王树伟：《北京图书馆》，北京出版社，1957年，第3—8页。
[3] 陈源蒸等：《中国图书馆百年纪事：1840—2000》，北京图书馆出版社，2004年，第194—195页。

型图书馆陈列和书评会……"是国家图书馆1972年工作计划的内容之一。1973年工作计划要点又专门提到"调查阅读倾向,开展书评活动,加强读书指导"[①]。1976年国家图书馆的工作总结中,书评作为一项专门工作予以体现,不但开展图书评论,而且与首钢等单位合办了《书评简讯》[②]。可以说,阅读推广始终是图书馆人的使命和追求。

2003年,文化部转变政府职能,将每年的"全民读书月"活动委托中国图书馆学会组织实施。学会秘书处对活动进行了精心的策划,在全国首次提出"全民阅读"的理念,并公开面向社会征集"全民阅读"徽标设计方案。这才有了上述2004年4月23日"倡导全民阅读 共建书香中国"大型活动。2013年,文化部组织的第五次公共图书馆评估定级指标中增加了"阅读推广活动",同年举办的全国图书馆年会主题定为"书香中国 阅读引领未来"。2014年,也就是图书馆界正式提出"全民阅读"十年后,"全民阅读"被首次写入政府工作报告,之后连年写入,至今已达五次之多。《全民阅

---

[①] 李致忠主编:《中国国家图书馆馆史资料长编》(1909—2008),国家图书馆出版社,2009年,第593页。
[②] 同上书,第604页。

读促进条例（草案）》《公共文化服务保障法》《公共图书馆法》先后出台，图书馆人为之振奋。"阅读推广已经成为公共图书馆领域最引人注目的服务。"①

"阅读推广"一词来源于英文"Reading Promotion"，也可译为"阅读促进"。北京大学图书馆研究馆员王波先生曾指出："1997年联合国教科文组织发起'全民阅读'（Reading for All）活动以来，'Reading Promotion'一词常见于联合国教科文组织、美国国会图书馆、美国国家艺术基金会的'大阅读'项目、国际图书馆协会联合会等倡导全民阅读的组织、机构的网站和工作报告。但是在英语世界，无论是机构网站、工作报告、期刊论文，还是维基百科，都没有赋予'Reading Promotion'一个学术性的定义，人们普遍认为'Reading Promotion'是一个意思清楚的词汇，无需作专门的定义。"②

国人讲求"师出有名"，但凡论证某个问题必先给出定义，这个本无需定义的词汇亦然。遗憾的是，目前国内关于阅读推广的定义最终几乎都落脚在"活动"上，将阅读推广等同

---

① 范并思：《公共图书馆阅读推广发展趋势》，《图书馆杂志》，2015年第4期。
② 王波：《阅读推广、图书馆阅读推广的定义——兼论如何认识和学习图书馆时尚阅读推广案例》，《图书馆论坛》，2015年第10期。

于阅读推广活动，这使得图书馆员和阅读推广人自身对阅读推广的理解和研究不足，也使得社会公众对阅读推广的理解趋于肤浅，导致阅读推广往往流于形式。

"推广"和"促进"表达的都是行为的过程。阅读推广、阅读促进是推广阅读、促进阅读的行为过程。策划举办活动是阅读推广的重要方式，但并非唯一方式，建立制度、制定法律、优化环境、培养习惯、提供指导、完善服务等都是阅读推广的方式。以多样的方式使人认识到阅读的价值、激发人的阅读兴趣、提高人的阅读能力、帮助人实现有效阅读，从而促进人们独立思考、提升人们的综合素养，才是阅读推广应有之义。

因此，我认为，图书馆阅读推广，就是运用图书馆的文献、馆舍空间、社会影响力等各种资源，通过多样的方式，使人认识到阅读的价值、激发人的阅读兴趣、提高人的阅读能力、帮助人实现有效阅读，从而促进人的独立思考、提升人的综合素养的行为过程。我想要强调的是：一、阅读推广是一个过程，它伴随人类阅读的发展而产生和发展；阅读推广也是一种追求，它是人类满足自身求知欲望和探索精神的需要。二、阅读推广活动是阅读推广的重要方式之一，但不等同于阅读推广本身。同时，考察阅读推广活动有助于研究阅读推广及其发展。阅读推广活动并不局限于某些形式，应该鼓励以更加多样的形式展示阅读的价值和魅力。三、阅读推广的终极目的并不在于使人阅读，而在于通过阅读促进人的独立思考、提升人的综合素养。正如叔本华和爱默生所说，"只有自己的根本思想才会有真理和生命力……阅读只是我们自己思考的代替品"[①]，"一个人得是一个创造者才会有效阅读"[②]。四、图书馆阅读推广的优势在于馆藏文献信息资源，公共图书馆阅读推广的特点在于提供平等的、公益性的服务，这符合《联合国教科文组织公共图书馆宣言》所提出的"馆藏资料和图书馆服务不应受到任何意识形态、政治或宗教审查制度的影响，也不应屈服于商业压力"。五、阅读推广与创作的关系密切。创作是阅读推广的基础，阅读推广所推广的应该是体现人类文明的优秀作品，而不是相反。失去好的作品，阅读推广就没有意义。

---

① 〔德〕叔本华著，韦启昌译：《叔本华美学随笔》，上海人民出版社，2014年，第3页。
② 〔美〕拉尔夫·瓦尔多·爱默生著，〔美〕查尔斯·艾略特主编，孔令翠、蒋檀译：《哈佛百年经典第26卷：爱默生文集》，北京理工大学出版社，2014年，第10页。

# 引　言

近年来我曾在国家图书馆及多家省市图书馆讲授过关于阅读推广的课程，2016年11月，在国家图书馆培训中心举办的"开启未来新形态——图书馆创客研习营"上我做了题为"一本书的图书馆之旅"的分享，内容是以著名历史地理学家朱祖希先生的著作《营国匠意——古都北京的规划建设及其文化渊源》在国家图书馆的"旅程"为线索，将文津图书奖、展览、讲座、讲座联盟、阅读之旅、图书漂流、网络公开课、地铁图书馆等阅读推广项目贯穿起来，总结一些经验，提出一些思考。之所以选择朱祖希先生的这部著作作为案例，是因为它恰巧出现在我负责或参与的大多数阅读推广项目中，当然最主要的是由于作品本身极好地兼顾了学术性和普及性。朱祖希先生本人也出席了这次"图书馆创客研习营"并做了发言，他当场肯定了我的分享，又在次日专门打来电话表示认可和鼓励，笑称"没有想到自己的作品成了国家图书馆阅读推广的经典案例"。这使我有了写作本书的想法，希望通过本书考察图书馆阅读推广的发展历程和趋势，同时对十五年来我在阅读推广方面的所做所见所闻提出一些思考。

本书重点讨论的是近十五年来的图书馆阅读推广，但同时也对阅读推广的历史做了追溯，以求厘清发展脉络。本书从国家图书馆的部分阅读推广项目入手,但同时也涉及其他图书馆及其他行业的阅读推广工作,以联系的观点进行考察。同时,书中还涉及国外阅读推广的发展情况,因为阅读推广是全人类的事业,理应互相了解、借鉴。

据统计,2016年国家图书馆共接待到馆读者5639886人次,比2015年增加10.03%。其中培训、讲座、参观、展览等各项活动共接待读者1551300人次,比2015年增加24.8%,占到馆读者总数的27.5%[①]。也就是说每10位到馆读者中就有大约3位是参加阅读推广活动的。因此,本书写作的目的并不是仅仅成为一本业务用书,而是希望更多的人能够通过本书重新认识图书馆的功能,了解图书馆的多种"打开方式",更好地利用图书馆。相信本书的读者可以了解到:一本书来到图书馆,在经历采编阅藏的"旅途"之后并没有"止步",还可以在阅读推广中持续"旅行";图书馆里的文献除了可以借阅之外,还可以通过各种阅读推广的项目与大家深入交流互动,为大家提供服务;这些阅读推广项目并不仅仅是一场场活动,它们对于推动制度的建立、法律的制定、环境的优化、

---

① 参见《国家图书馆年鉴》(2016),国家图书馆出版社,2017年,第66页。

习惯的培养、服务的完善都起着潜移默化却不可忽视的重要作用;而对于每一个人来说,阅读推广是一种提升自我的追求,一种鲜活的、生动的、人人可参与的生活方式。

# 第一章　游走在官方与民间：文津图书奖

2008年一位老先生带着几本书来到国家图书馆，找到文津图书奖组委会办公室，交给工作人员。是责编请他送样书过来的，工作人员没有说什么，老先生也没有多问就回家了。过了半年老先生几乎忘了这件事，突然传来消息：这本书获得了第四届文津图书奖。这位老先生就是著名历史地理学家、北京市城市规划设计院退休的高级工程师朱祖希先生，他花费了十年心血写成这部《营国匠意——古都北京的规划建设及其文化渊源》。获奖这年朱祖希先生71岁。

2008年12月25日国家图书馆举办了第四届文津图书奖颁奖仪式，时任国家图书馆名誉馆长的任继愈先生向朱祖希先生颁奖，同届获奖的作者还有庞朴、钱理群、杨绛、卞毓麟、李零，以及美国作者贾雷德·戴蒙德（Jared Diamond）、艾伦·韦斯曼（Alan Weisman）、徐中约（Immanuel C. Y. Hsü）、罗伯特·弗兰克（Robert Frank）等。

# 第一章 游走在官方与民间之间：文津图书奖

2015年第十届文津图书奖颁奖仪式在国家图书馆音乐厅隆重举行，朱祖希先生再次受邀出席，但这次他不是来领奖的，而是作为颁奖嘉宾向获奖作者颁发奖牌。同时，朱祖希先生和其他部分获奖作者还向盲人出版社捐赠了自己获奖作品的有声版权。

## 文津图书奖的设立

2004年，也就是图书馆界正式提出"全民阅读"的同年，国家图书馆詹福瑞馆长提出了关于设立文津图书奖和文津读书沙龙的创意，欲以此服务大众阅读。此时国家图书馆正在酝酿的"以传统的文献服务为基础，以现代信息服务为主导，以文化教育服务为新的增长点，构造知识型服务体系"[①]这一全新定位呼之欲出。

阅读更多的是一种私人行为，每个人都有权选择自己想要读的书，但是面对每年出版的几十万种图书，读者的确容易陷入无从选择或者盲目选择的困境。因此，图书馆作为公益性、服务性文化机构，承担起为公众终身学习提供平等条件的使

---

[①] 施芳：《国家图书馆：人才兴馆　科技强馆　服务立馆——文化体制改革试点经验》，《人民日报》，2006年4月2日。

命，以推动全民阅读为自己的责任，成为大众阅读的引导者、推动者和服务者。事实上，国家图书馆早在20世纪50年代就已经有意识地"指导阅读、推荐优秀图书、介绍作家作品、阐述学术问题"①。而文津图书奖正是国家图书馆进一步探索如何运用自己的权威性和影响力去倡导全民阅读、服务全民读书的举措。正如詹福瑞馆长在第二届文津图书奖颁奖仪式上的讲话中提到的那样："为学术津梁，是国家图书馆应尽的责任；做文化使者，是国家图书馆神圣的使命。"②他希望"随着文津图书奖一届一届地办下去，能有更多的获奖图书作者走进文津读书沙龙，与读者面对面地交流与沟通，使文津图书奖能真正成为写书人、出书人、读书人之间互动的桥梁"③。

文津图书奖计划每年举办一届，每届评出获奖图书十种、推荐图书若干，评选范围包括前一年度公开出版发行的中文版图书，侧重于能够传播知识、陶冶情操，提高公众的人文素养和科学素养的图书，特别是对青少年有益的图书。奖项

---

① 《北京图书馆十年》，《北京图书馆馆史资料汇编》（二），北京图书馆出版社，1997年，第845页。
② 王坤宁：《十力作折桂第二届"国家图书馆文津图书奖"》，《中国新闻出版》，2007年4月24日。
③ 同上。

定位为：公益性、普及性和以读者为主体。评审工作由组委会策划组织，首届专家评委有任继愈、王蒙、詹福瑞、郭正谊、胡显章、雷达、梁晓声、王渝生、赵忠心、周国平、夏欣、杨虚杰、庄建等。文津图书奖以"文津"为名，取"文化津梁"之意，希望这个奖项能够在图书馆与读者、作者与读者、出版社与读者之间发挥连接、沟通、引导的作用。同时，"文津"一词也最具国家图书馆特色。众所周知，"文津阁四库全书"被读者称为国家图书馆"镇馆之宝"，国家图书馆古籍馆门前的大街也因此定名"文津街"，国家图书馆总馆南区主大厅取名"文津厅"，南区广场称为"文津广场"。文津图书奖就是在这样的背景下、在有识之士的推动下应运而生的。

2009年，文津图书奖与相关的文津读书沙龙共同荣获中宣部和新闻出版总署联合颁发的"全民阅读优秀项目"。

## 官方的还是民间的？

在文津图书奖推出之前，我国已经有公认的图书"三大奖项"，即国家图书奖、中国图书奖和"五个一工程·一本好书"奖。1997年由文化部牵头、九部委共同发起了以"倡导全民读书，建设阅读社会"为宗旨的"知识工程"，并向社会公布"知识工程推荐书目"。但是，这些奖项多由政府评出，广大读者仍然缺少属于自己的、能够广泛参与的图书奖。文津图书奖填补了这一空白，拉近了优秀图书评选与读者之间的距离。

近年来，各大书店特别是网上书店都纷纷推出自己的畅销书排行榜，它们或以各大书店图书销售业绩为依据，或为图书营销手段操控，增加销量是其追求的目标。而其他一些机构举办的形形色色的图书奖项也难与商业利益撇清关系，评选的图书质量难以保障，甚至被指误导公众。

2015年，中共中央办公厅、国务院办公厅印发《关于全国性文艺评奖制度改革的意见》，对评奖进行了规范和清理。文津图书奖由中宣部备案予以保留。同时，文津图书奖是第一个由图书馆组织评选的图书奖项，读者可以直接参与文津图书奖的评选，而专家评审、图书馆评审、媒体评审也基于读者的阅读需求参与评选工作。这使人们觉得文津图书奖得到了官方和民间的双重认可。

## 公益、公正可不可以接受赞助？

文津图书奖在设立之初就确定了基本原则，首先就是公益性。这个奖是非营利的，也不收取评审费，所有费用由国家图书馆承担。设立之初,考虑到社会上一些评奖项目的乱象,其中不乏以营利为目的者,因此要保证这个奖真正是为读者阅读而设,确保评选公正,就绝不能接受跟此奖项有关的利益方的赞助。2005 年 12 月 22 日在首届文津图书奖颁奖仪式上,詹福瑞馆长讲道:"今天,首届国家图书馆文津图书奖揭晓,……获奖者都是在该奖揭晓前一两天才得到的消息。'文津图书奖'是一个读者奖,完全由读者和专家评出,为了避免商业因素的'运作',获奖者都是在最后时刻才知道自己获奖的。"

例外的是,2013 年国家图书馆因为没有经费拨付给第八届文津图书奖,而接受了加多宝集团赞助的 300 万元人民币。在合作过程中组委会办公室的工作人员了解到加多宝是一个制度非常健全、管理非常严格的企业,层层审批合同的流程丝毫不逊于机关单位。而在整个评选过程中,作为赞助方的加多宝并没有任何干预评选的行为或者企图。他们把注意力集中在合同规定的权益上,比如在文津图书奖获奖图书展览的会衔和纪念册上要印有"支持单位:加多宝集团"的字样,安排专人在颁奖仪式现场监督组委会办公室把加多宝集团生产的饮品摆放整齐并提供给来宾。

那时正值加多宝和"中国好声音"节目合作的蜜月期，2012年冠名费为6000万元，2013年增加到2亿元。与2亿元相比，同年赞助文津图书奖的300万显得不值一提。但冠名"中国好声音"节目的广告效应也的确相当大，主持人说的最多的一句广告语"正宗好凉茶，正宗好声音"成就了合作双方。加多宝与"中国好声音"的"恋情"前后持续了四年，在"分手"的时候，《第一财经日报》曾报道："不冠名'好声音'可能并非只是冠名费用的问题，加多宝是一个很务实的企业，有非常清晰的品牌定位和战略需求，这些年你能看到加多宝选择的合作方，都非常精准，没有白花的钱，即便外界看来贵得离谱，但其实一点也不亏。"[1]

在与国家图书馆接洽之初，加多宝也提出过冠名权的问题，但是被国家图书馆拒绝了，这显然是必须坚守的原则底线。试想奖项名称若要出现"加多宝文津图书奖""加多宝国家图书馆文津图书奖""国家图书馆加多宝文津图书奖"之类的字样，是绝对不可能的。尽管加多宝集团没有干预评选，也没有冠名，但在合同期满后也没有主动提出继续提供赞助

---

[1]《四年恋情落幕 加多宝停唱"中国好声音"》，第一财经，2016年4月14日，http://www.yicai.com/news/5002837.html。

的意向。而此后文津图书奖也再没有接受过赞助，国家图书馆确保了每年的经费投入。

支持相关的公益活动是企业社会责任的一个重要组成部分。在我国，公益事业单位接受企业赞助对于双方来说都是有所顾虑的，前者由于考虑到自身的属性而颇多顾虑，后者则担心花了钱却见不到宣传效果。而在国际上，这种赞助是普遍存在的，公开、透明的企业赞助或个人赞助有利于推动公益事业，也有利于企业和社会良性互动。2018年1月1日起施行的《中华人民共和国公共图书馆法》总则第六条明确规定："国家鼓励公民、法人或者其他组织依法设立公共图书馆或者向公共图书馆捐赠，并按照有关规定给予税收优惠和其他扶持政策。"有了法律的保障，今后图书馆可以打消顾虑，企业的捐赠行为也将得到进一步鼓励。

同时，"文津图书奖"创立时就坚持的回避出版商等利益相关方的赞助，也是必须的。如果一个图书奖项接受的是出版商的赞助，那么即使赞助者没有利益交换行为，其公正性也会受到质疑。

文津图书奖专家评审、著名作家周国平先生用"纯粹""干净"来形容文津图书奖，说它从书的品质出发，没有商业炒作和暗箱操作。多年来，文津图书奖摒弃功利实用色彩、注重公益和文化、为读者寻找好书的精神得到了广泛的认同。

## 要不要反映社会现实？

　　文津图书奖的评选范围有一个重要的界定，就是评选的是非虚构类作品。这源于奖项设立之初向评委征求意见时，大家达成一致：国内权威的文学作品奖项已经很多，如鲁迅文学奖、茅盾文学奖等，文津图书奖要形成自己的特色、有别于其他，应该定位于非虚构类作品。

　　而非虚构类作品本身就是反映现实的，非虚构写作必然介入现实，李敬泽曾在接受采访时讲道："尤其是中国，近年来在世界范围内都是急速发展、变化特别剧烈的国家。改革开放的短短三十多年，相当于把别的国家上百年历史走完，这些都是（非虚构写作）题材的富矿。"①

　　每一届文津图书奖都会有一些关注现实的图书获奖，包括经济发展问题、农民工问题、社会公平与公正问题、教育问题、历史问题等。在第六届"文津图书奖"终评会议上，

----

①《中国非虚构写作再次迎来春天？》，中国青年网，2015年10月16日，http://news.youth.cn/jy/201510/t20151016_7214605.htm。

## 第一章　游走在官方与民间之间：文津图书奖

有些评委提出获奖图书中是不是反映现实的作品多了，时任评委会主任的詹福瑞馆长坚定地说："文津图书奖就是要反映社会现实！"那一届获奖的图书名单中有关于国家发展的《重新发现社会》、填补历史研究空白的《1944：松山战役笔记》、揭露新闻真相的《别对我撒谎：23篇震撼世界的新闻调查报道》、反思互联网弊端的《网民的狂欢》、反映70后成长经历的《七十年代》、描述台湾三十年社会巨变的《我们台湾这些年：1977年至今》、刻画大学毕业生低收入群体生活状况的《蚁族：大学毕业生聚居村实录》等。

有些读者误以为非虚构作品就是不包括文学作品，其实并非如此。一方面，报告文学、纪实文学等也属于非虚构作品，例如第七届获奖图书《巨流河》是纪实小说，第二届获奖图书《退步集》、第四届获奖图书《走到人生边上：自问自答》、第五届获奖图书《亲爱的安德烈》等则为散文随笔。另一方面，如白俄罗斯作家阿列克谢耶维奇所说："我是独自行进的。我从事的是我感兴趣的事，我是完全属于另一个时代的人。"她指的是：非虚构作品是由个体进行的个性创作，展示的是个人的视角与观点，以现实或历史为素材，目的在于揭露真相，或接近真相。它的态度是质疑、反思与寻找，而不是歌颂、认同与证明。瑞典学院将 2015 年度诺贝尔文学奖颁给阿列克谢耶维奇，颁奖词是："她的复调书写，是对我们时代的苦难与勇气的纪念。"这说明诺贝尔奖对当今非虚构文学写作的鼓励。

因此，文津图书奖获奖图书反映社会现实是其自身"非虚构"的定位所决定的。如果它既不评虚构类作品，又排斥反映现实的作品，那么又有哪些书会获奖呢？其存在的价值和合理性又何在呢？

## 奖项设置与图书分类

说到谁能将图书科学地分类，最权威的莫过于图书馆了，而在中国最详尽的图书分类工具书则莫过于《中国图书馆分类法》。但是对于图书奖项或者推荐书目来说，为了使读者易于接受、易于推广，则会采用更加"接地气"的分类方法。因此社会上的各种图书奖项、图书排行榜都有自成一套的分类方法，这些方法未必科学、准确，却令人一目了然或耳目一新。中央电视台"2016 年度中国好书"盛典将奖项分为主题类、文学艺术类、科普生活类、人文社科类、少儿类、年度荣誉六大类。而美国国家图书奖的奖项则分为小说、诗、非小说与青年文学四类,另外还有表彰作家终身成就的"卓越贡献奖"。

文津图书奖总体上将奖项分为获奖图书和推荐图书。获奖图书 10 种,可以空缺。推荐图书实际上相当于入围奖或是提名奖,自第七届开始每届限定不超过 60 种,可以空缺,事实上也经常出现空缺的情况。

从图书类别的角度,自第七届起开始分为社科类、科普类和少儿类。实际上自第一届起这三类图书就都在评选范围之内,并且每届这三类图书都有入选,只是没有在评选办法中固定下来,也没有对每个类别的入选数量做出限定。从第七届起,在终评过程中 10 种获奖图书通常按照 5 种社科书、3 种科普书、2 种少儿书的名额来分配,终评会议上评审专家相应地分为社科组、科普组、少儿组。但三类图书名额分配并非硬性规定,最终还是要根据图书的质量和专家评审的讨论结果产生获奖图书。

但这种分类也产生了新的问题。一是社科、科普两类是从学科角度进行的粗略划分,而少儿类则是从年龄阶段所做的划分。划分标准的不同造成了交叉,例如科普书既有给成人看的,也有给少儿看的,目前给少儿看的科普书就被列入了少儿类，那么科普类实际上就成了成人科普类。社科类也存在同样的情况，给少儿看的社科图书列入少儿类，而社科类自然就成了成人社科类。这还是相对容易处理的问题。复杂的情况是，有些书其实是家长和孩子都适读的，简单划入少儿类并不合适。例如绘本作家几米的作品《我不是完美小孩》和《忘记亲一下》曾先后于第七届和第十一届被评为获奖图书和推荐图书。几米的作品反映了当代都市人的精神情感状态，评论认为"其中既有童年的天真凝视，又有成人的冷静回眸，不论是成人还是少年儿童，在几米的作品中总能找到属于自己的那份体悟"。可见，将这两种书划入少儿类其实是不够准确的。类似的情况并不少见，有一次终评会上某一种图书在社科类和少儿类两个分组讨论的会议室之间被送来送去，两个组别的评委都认为它属于对方的类别。近年来亲子阅读备受关注，它既可以指一种阅读形式，也可以指一种图书类别。第八届的推荐图书《父与子冒险书：父亲和儿子共同冒险手册》是一本适合父亲和儿子一起阅读的书，精选了父与子都爱玩的冒险游戏，在培养男孩动手能力和冒险精神的同时，还为家长提供了男孩教育中常见问题的解决方法，让父与子在冒险的过程中成为最好的朋友。这种写给家长和孩子一起读的书颇受家长和孩子的欢迎，这一方面为亲子阅读提供了更多的优秀作品，另一方面也给奖项设置与图书分类提出新的问题。

二是文津图书奖评选范围所强调的"非虚构"在前六届都没有任何疑问，但从第七届开始随着少儿类中纳入了儿童文学，虚构类的儿童文学作品也进入了获奖图书和推荐图书的书目。例如上述几米的作品之所以最终划入少儿类也是因为只有少儿类才允许虚构作品参评。于是现有的"评选范围是××××年××月××日至××××年××月××日（以版权页记载时间为准），由国家出版行政管理部门批准成立的出版机构在国内正式出版、公开发行（包括限国内发行）的汉文版非虚构类图书"，这一对评选范围的描述变得不准确，能够认真分析、正确理解这段话的推荐者一定不会推荐虚构类的儿童文学作品参评，但其实这类作品已经连续几届获奖了。实际上需要强调"社科类、科普类的非虚构图书，少儿类图书不受是否虚构的限制"，才够准确，但如果这样表述也使评选规则变得更加复杂。

三是文津图书奖的社科类图书中其实也包括了人文类图书，而这种包含关系是不恰当的。众所周知，人文科学以人类的精神世界及其沉淀的精神文化为研究对象，包括文学、历史、哲学及其衍生出来的美学、宗教学、伦理学、文化学、艺术学等。社会科学则以人类社会为研究对象，主要包括经济学、社会学、政治学、法学等。在中国图书馆学会阅读推广委员会的一次会议讨论中，南京大学的徐雁教授就曾对文津图书奖将人文类图书纳入社科类提出疑问。当然人文和社科紧密相关，若不想增加类别亦应将社科类改为人文社科类才够准确。

四是跨学科图书使得社科类和科普类图书的界限日益模糊，虽然这类跨界作品中的佼佼者仍属凤毛麟角，但它们的入围总会引起评委们的格外关注，同时也引起在分类上的争论。第十届的推荐图书《植物的记忆与藏书乐》是一本关于阅读的作品，是享誉世界的意大利哲学家、符号学家、历史学家、文学批评家和小说家翁贝托·艾柯的演讲及文章合集，内容横跨历史、文学、美学与科学的多元向度。第十一届的获奖图书《草木缘情：中国古典文学中的植物世界》的台湾原版书名为《中国文学植物学》，可非常直观地看出其为跨学科作品，作者潘富俊是一位热爱中国古典文学的科学家，他以广博的知识在古典文学与植物世界间纵横穿行，通过这本书搭建起一座沟通文学与自然科学的鹊桥。第十二届推荐图书《唐诗的博物学解读》也是一部跨界作品，对唐诗中涉及的树木、花草、虫鱼、鸟兽、天文、地理、气象和水文等自然景物以及各种社会人文现象进行了科学地分析和考证。跨学科作品超越以往分门别类的研究方式，整合各学科的视角、方法和知识，对于突破人们的固有思维，获得新的发现、认识和解决问题具有重大意义。同时，跨学科作品的出现对于文津图书奖的现有分类也提出了挑战。

## 要本土原创还是要译著？

表1-1 历届文津图书奖本土原创与译著情况统计表

| 届别 | 获奖本土原创 | 获奖译著 | 推荐本土原创 | 推荐译著 | 本土原创合计 | 译著合计 | 获奖和推荐总数 | 译著比重 |
|---|---|---|---|---|---|---|---|---|
| 第一届 | 5 | 4 | 25 | 14 | 30 | 28 | 58 | 48% |
| 第二届 | 6 | 4 | 11 | 10 | 17 | 14 | 31 | 45% |
| 第三届 | 7 | 3 | 10 | 17 | 17 | 20 | 37 | 54% |
| 第四届 | 6 | 4 | 20 | 10 | 26 | 14 | 40 | 35% |
| 第五届 | 7 | 3 | 15 | 15 | 22 | 18 | 40 | 45% |
| 第六届 | 7 | 3 | 30 | 18 | 37 | 21 | 58 | 36% |
| 第七届 | 8 | 2 | 33 | 23 | 41 | 25 | 66 | 38% |
| 第八届 | 6 | 4 | 28 | 30 | 34 | 34 | 68 | 50% |
| 第九届 | 6 | 4 | 26 | 26 | 32 | 30 | 62 | 48% |
| 第十届 | 5 | 5 | 27 | 33 | 32 | 38 | 70 | 54% |
| 第十一届 | 8 | 2 | 24 | 33 | 32 | 35 | 67 | 52% |
| 第十二届 | 7 | 3 | 29 | 15 | 36 | 18 | 54 | 33% |
| 第十三届 | 7 | 2 | 31 | 19 | 38 | 21 | 59 | 36% |

注：第十三届文津图书奖《柠檬蝶》一书为中外作者合作创作，中国作者著，外国作者绘，在此暂不计入统计。

文津图书奖从创立之初就抱着鼓励我国本土原创作品的愿望，对译著的获奖比例做了控制。在第七届之前原则上要求译著不超过获奖和推荐总数的1/3，从第七届开始改为不超过获奖和推荐总数的一半。从统计数据来看，第七届、第八届、第九届和第十二届、第十三届符合要求，其他8届皆超出比例要求。这当然并非有意为之，而是出版实际状况的反映。本土原创作品质量不佳，译著的比例才会频频超标。况且这已经是评委们极力控制译著比例了，否则还不知要高到哪里去。

2014年10月，在"三联·哈佛燕京学术及出版论坛"上，有学者针对国内学术出版状况直言："不客气地讲，有很多东西印出来的是字，但在我眼中来看是垃圾。"[①] 该论坛是为纪念"三联·哈佛燕京学术丛书"出版20周年而举办的，这一知名书系专门着眼于中国中青年学者的原创性著作。事实上，在本土原创作品中能够符合文津图书奖所要求的学术研究与大众普及相结合的作品更是少之又少。

根据数据，由于10种获奖图书比60种推荐图书的分量更重，更加彰显奖项的定位，因此对获奖图书中译著数量和

---

[①]《"三联·哈佛燕京学术丛书"诞生20周年：助力中国学人的成长》，南都网，2014年10月31日，http://paper.oeeee.com/nis/201410/31/287671_7.html。

比例的把握也更加审慎，历届都没有超过一半。也正是受此影响，优质的译著只能更多地出现在推荐图书中，这造成有6届推荐图书中的译著数量超过本土原创或与本土原创持平。

第十一届文津图书奖评选结果发布后，有一家媒体针对少儿类推荐图书译著多于本土原创提出批评，或许这位记者对出版现状缺乏了解或是不能客观对待。若要彻底解决这个每届都令评委头疼的问题，显然只有期待我国本土原创作品质量普遍显著提高。

而在第十二届文津图书奖揭晓的报道中，几乎所有媒体都强调："10部获奖图书中，……难能可贵的是有7部是本土原创作品，3部翻译作品，本土原创作品的数量和质量都比起往届有所提高。"但实际上，第七届和第十一届都有8部本土原创作品获奖，第三届、第五届、第六届则都有7部本土原创作品获奖。显然第十二届获奖图书并没有报道中所称的本土原创作品数量提高，恰恰相反，还比刚刚过去的第十一届有所下降。至于报道中所说获奖图书中本土原创作品质量比往届提高，更是令人摸不着头脑，不知结论从何而来，又是以何种方式对历届作品质量进行了比较？

"译著就是外国的作品"，这种刻板印象扎根在大多数人头脑里，人们却总是忽略译著是译者再创作的成果。嘉奖译著不仅是对原作品和原作者的认可，也是甚至更是对再创作和译者的肯定。而译著的入选正是国际视野与文化自信的表现。有了这种意识，面对译著和本土原创的问题时或许会少一些纠结，多一份自信。当然，如何处理本土原创和译著的关系最终应该由奖项的定位决定，如果奖项规定只允许本土原创作品参评，而不允许译著参评，那也是一种定位。

## 为何图书馆界积极响应？

表1-2 第八届至第十三届文津图书奖参与图书馆数量统计表

| 年份 | 届别 | 联合评审图书馆数量 | 联合推广图书馆数量 | 参与图书馆总数 |
|---|---|---|---|---|
| 2013 | 第八届 | 21 | 26 | 28 |
| 2014 | 第九届 | 64 | 22 | 65 |
| 2015 | 第十届 | 64 | 64 | 112 |
| 2016 | 第十一届 | 68 | 101 | 135 |
| 2017 | 第十二届 | 68 | 142 | 158 |
| 2018 | 第十三届 | 81 | 推广进行中 | |

文津图书奖的联合评审和联合推广工作借助于全国公共图书馆讲座联盟平台开展，由各成员馆自愿报名参加。参与

## 第一章 游走在官方与民间之间：文津图书奖

参评图书推荐和初评评审工作的图书馆为联合评审单位，参与巡展等推广工作的图书馆为联合推广单位，部分图书馆两项工作都参与，既是联合评审单位也是联合推广单位。从表1-2中可见，自第八届以来，参与文津图书奖的联合评审图书馆和联合推广图书馆数量逐年递增。那么，为什么文津图书奖会引起图书馆界的积极响应呢？

第一，阅读推广已成为图书馆的核心业务。任何一家大中型图书馆都不可能将阅读推广排斥在本馆业务之外，这已经成为不争的事实而被广泛认可。在信息来源渠道增多、到馆读者数量减少的趋势下，阅读推广在吸引公众关注图书馆、走进图书馆、引导阅读方面发挥着越来越重要的作用。2018年1月1日起施行的《中华人民共和国公共图书馆法》将阅读推广列入公共图书馆应当免费向社会公众提供的服务项目，这就在法律上确定了阅读推广与图书馆的关系。第二，图书馆界认同阅读推广需要以合力来推动。虽然各地图书馆的阅读推广工作都开展得如火如荼，但各自为战的效果毕竟比不上举全图书馆界之力共襄盛举。正是有越来越多的图书馆认识到这一点，参与文津图书奖的单位才会逐年递增。第三，国家图书馆自身所具有的影响力和号召力。作为一个全国图书馆界的奖项，没有国家图书馆牵头是难以创建和发展起来的。国家图书馆在业界的引领作用同样体现在阅读推广方面，国家图书馆在全社会的影响力使得所有参与文津图书奖的单位都获得了良好的社会效益。

## "北有文津、南有陶风"

南京图书馆多年来连续担任文津图书奖的联合评审单位和联合推广单位，对待相关工作极为严谨认真。无论报送参评图书，还是进行评审，都会由馆领导专门召集各部门主任、专家开会讨论决定。

2010年，南京图书馆设立了自己的公益性图书奖——陶风图书奖，以江苏省内由政府批准成立的18家出版社（江苏电子音像出版社不在其中）正式出版的中文图书为评选对象，着重评选社会科学和自然科学领域内的大众读物，内容侧重于提高大众人文修养、传播科学知识的图书，每届评选获奖图书10种，提名图书50种，采用馆员荐书和专家评审相结合的方式评选。至2018年，陶风图书奖已经成功举办七届，参评图书由第一届的约150种增长至第七届的400多种。活动得到江苏省出版界的认可与重视，读者关注度逐步增强，

## 第一章 游走在官方与民间之间：文津图书奖

社会影响力不断扩大。

陶风图书奖的名字源于 1909 年兴建的"陶风楼"，它是南京图书馆的前身江南图书馆的书库和阅览楼。由地方馆开展此类图书评选活动，在国内尚属首创。其评选宗旨是关注江苏地方出版物、推荐优秀图书特别是国学图书，以引领大众阅读好书，通过对优秀图书的推荐、评选，引导广大读者关注传统出版书籍并使之产生兴趣，进而养成良好的个人阅读习惯，培育淳厚的社会阅读气氛，促进民众整体文化素养的提高。

南京图书馆原党委书记方标军先生曾表示，要"扩大陶风图书奖的评奖范围，加快形成'北有文津、南有陶风'的格局"[①]，彰显了江苏省作为文化大省的风范以及南京图书馆的社会担当。

---

① 方标军：《在南图教育实践活动总结会上的讲话》，南京图书馆官网，2014 年 1 月 18 日，http://www.jslib.org.cn/njlib_gqsb/201401/t20140118_123914.htm。

# 第二章　当看展成为时尚：图书馆展览

第四届文津图书奖颁奖仪式结束后，朱祖希先生等获奖作者、来宾、广大读者一起参观了获奖图书展，展览上既有书影、实物，还有评委为获奖图书撰写的书评。看到《营国匠意——古都北京的规划建设及其文化渊源》的书评由国家图书馆詹福瑞馆长亲自撰写，朱祖希先生格外高兴。

詹馆长撰写的书评题为《城市的灵魂与生命》，内容发人深省，全文如下：

时下提到城市建设，"标志性工程""地标性建筑"常常被一些官员们看作是城市形象的代表而列为政绩工程的重点，城市建设规划也一味追求"现代"与"时尚"。不过，城市虽然高楼林立，建筑千奇百怪，但总难逃"暴发户""没文化""平庸粗鄙"之类的批评。

其实，城市不是钢铁、水泥、玻璃的堆砌，也不是建筑、街道、汽车、公共设施的集合，它是有灵魂的，是有生命的有机体。城市的灵魂是什么？城市的生命如何延续？《营国匠意——古都北京的规划建设及其文化渊源》全部内容就是围绕这个主题展开的。

这是一部关于北京城市历史的书，但并不是一本关于北京城发展变化的流水账。其"营国篇"详细介绍了北京城市建设的地理因素、历史沿革，其中"明清北京城规划建设的特色""故宫规划建设的艺术成就"能够让您更充分地领略北京的韵味与故宫之美；其"溯源篇"则重点介绍了古都北京规划建设的"匠意"之所在。作者想要告诉读者的是：北京城并不仅仅是一个人群聚居之地，作为一个都城，她是经过仔细规划的，而规划的指导思想来自于中国的传统文化。在作者看来，"中国古代哲学是以天、地、人作为一个宇宙大系统的，追求天、地、人三才合一，与宇宙万物和谐合一，并以此为最高理想，用以指导城市规划和建筑设计。中国古代城市规划中的象天法地匠意和阴阳五行学说的运用，使中国古代的都城规划布局独具特色、独树一帜。北京城完全是在中国人独有的'天人合一'的理念指导下，又按照封建社会的礼制秩序规划建设而成的，它是东方宇宙观在都城规划建设中的具体体现"。本书留给了人们一些思考：现代城市建设，应该如何规划？北京城，包括其他一切有着深厚历史文化底蕴的城市，在现代多元文化的冲击下，如何能够在加快城市现代化建设的同时而又能够延续文脉、保持城市特色？古都风貌的保护，文化遗产的传承，能够仅仅靠保留下一两条古街、若干古院落吗？

## 国家图书馆展览历史追溯

国家图书馆早在 20 世纪 20 年代事业初创之时就已经参加书展。1924 年 7 月，国家图书馆（时称京师图书馆）应中华教育改进社的邀请，由谭新嘉先生携馆藏珍品数十件前往南京出席"全国教育展览会"。谭新嘉先生为 1874 年生人，1917 年任中文编目组组长。1925 年 5 月国家图书馆参加当时的北京图书馆协会发起的"京师图书馆展览会"，展出宋、金、元、明刊本二百余种以及敦煌卷子三千轴。1929 年 10 月国家图书馆在居仁堂举行图书展览会，展出的古籍善本琳琅满目，美不胜收。开幕当天参观人数就达到了 2500 多人，其中不乏社会名流。此外，1929 年举办了西夏文书及佛像展览会，1930 年举办了双十节图书展览会。这五次展览中，有三次展出的是新购入的善本书籍。

1931 年 6 月文津街馆舍落成，馆员开始利用新的条件为读者提供更加优质的服务。1931年至1937年期间，国家图书馆每年都举办展览，包括舆图版画展、戏曲音乐展、现代德国印刷展、美国印刷展、英国印刷展、欧美博物馆设备及建筑展、图书馆用品展、科学仪器照片展、铁路工程照片展以及为水灾举办的赈灾展览等。此外，还将馆藏样式雷旧制圆明园、万春园、长春园等工程图样，选送上海参加中国建筑展览会。这一时期国家图书馆的展览形式不再仅为图书展览，而且也有了其他主题展览。

1953年国家图书馆设立群众工作组，专门负责展览和讲座工作。"北京图书馆建国以来逐步展开了各种形式的图书宣传活动，指导读者阅览，推荐优秀图书。……经常举办图书展览会、图书陈列等……"[1]这一时期的展览主题较多，既有古籍善本展、新书展、外文书刊展，也有纪念重大历史事件或者历史文化名人的展览，还有宣传马克思列宁主义、毛泽东思想的展览以及与苏联和其他社会主义国家合作举办的展览，等等。

1966年至1976年国家图书馆在工作秩序恢复之后坚持开展基本业务。在1972年工作计划中要求："按时举办新书展

---

[1]《北京图书馆十年》，《北京图书馆馆史资料汇编》（二），北京图书馆出版社，1997年，第845页。

览（今年夏办三至四次）","办好纪念毛主席《在延安文艺座谈会上的讲话》发表30周年展览，配合对外友协办好金日成首相60寿辰图书图片展览"[①]。1975年的工作计划中要求举办"中国古代科技文献展览"。1976年举办的"农业书刊资料展览""畜牧水产书刊资料展览"适应了当时的生产需要，因而深受欢迎。

1979年为了揭示馆藏、宣传馆藏，向读者推荐图书，更好地发挥图书馆的作用，国家图书馆阅览部恢复了停办多年的群众工作组，展览和讲座重新活跃了起来。至1986年，举办了多场文献展、纪念展、图书馆设备展、文化科技成果展和技术交易会等。

1987年，国家图书馆新馆开馆后进行了机构调整，群众工作组更名为文献展览组，划归新成立的学术活动服务部。该组成员共9人，其中2人负责讲座工作，其余7人负责展览工作，分工为文字编辑1人、物品保管1人、美工5人。计划每年筹办2至4个中型展览[②]。自1987年起，国家图书

---

[①] 李致忠主编：《中国国家图书馆馆史资料长编》（1909—2008），国家图书馆出版社，2009年，第590页。
[②] 王致翔：《北京图书馆展览工作浅析（1987—1994）》，《北京图书馆馆刊》，1995年第1—2期。

馆推出一系列人物展览,先后有"巴金文学创作生涯六十年展览""冰心文学创作生涯七十年展览""纪念郑振铎诞辰九十周年展览""老舍文学创作生涯展览""叶圣陶生平展览""曹禺戏剧活动六十五年展览""夏衍创作生平展览""纪念周叔弢先生诞辰一百周年展览""丁玲生平与创作展览""阳翰笙生平与创作展览""胡风生平与文学道路展览""沙汀、艾芜生平与创作展览""臧克家文学创作生涯六十五年展览"等 13 次展览,社会反响极佳。从 1992 年开始,为了宣传"科学技术是第一生产力",国家图书馆与中国科学技术协会联合举办了"中国现代科学家系列展览",通过照片、书刊、手稿及其他实物,介绍了数学家熊庆来、微生物学家汤飞凡、建筑学家梁思成、医学家张孝骞、两弹元勋邓稼先、林学家梁希等人的生平和科学技术成就,倡导了"尊重知识、尊重人才"的良好社会风尚。1998 年 3 月 5 日,为纪念周恩来诞生一百周年,国家图书馆在善本阅览室举办了"馆藏周恩来同志文献展",共展出珍贵资料、照片近百种。同年 10 月 8 日承办了"刘少奇光辉业绩展览",随后又在全国十余个省市进行了为期两个月的巡展。这些以人物为主题的展览明显呈现出系列化、专题化的特点。

进入21世纪以来,国家图书馆展览业务迅猛发展,为适应这一需要,国家图书馆对展览部门进行了机构调整。第一次调整是2006年将展览组划归新成立的文化教育培训部(后更名社会教育部),与培训组、摄编组及之后成立的讲座组形成合力,共同推进全民阅读。第二次调整是2013年国家图书馆为筹备国家典籍博物馆开馆成立了展览部,社会教育部撤销展览组,其职责和人员划归展览部。自此,展览部依托国家典籍博物馆成为开展阅读推广的另一个重要阵地。

这一时期展览场次大幅增加,主题异彩纷呈,社会影响力明显增强。其一,馆藏珍品展览引人注目,镇馆之宝展现在世人面前。2002年12月"仁心护国宝 妙手驻书魂——善本古籍修复展"在善本珍品展示室开展,展出了1949年至1965年修复的第一批《赵城金藏》,1991年开始修复的敦煌遗书,2002年开始修复的《永乐大典》等珍品。2003年面向公众展出了仅用9个月全部修复完毕的馆藏221册《永乐大典》;2013年为迎接新一册流失海外的《永乐大典》入藏,国家图书馆再次展出《永乐大典》;作为2018年春节活动,国家图书馆展出了《永乐大典》部分珍品,并从中挑选出一些寓意吉祥、贴近民众的书叶,制作成抄书纸,供读者来誊写临摹；2018年9月28日，国家图书馆又一次展出馆藏《永乐大典》部分原件，并辅以系列讲座、知识竞赛、誊写临摹、石刻赏析等主题活动，为公众勾勒这部大典飘摇多舛的命运，展现这部宏编巨著的不朽光辉。2003年举办了"国家图书馆馆藏法帖精品展"，展出30余部珍善拓本，皆为宋代至清代法帖中的精品。2008年9月9日馆庆日，在新落成的总馆北区举办了"盛世宏编——《四库全书》展"；2018年10月9日至18日举办了"走近四库全书"特展。

其二，策划举办重大历史事件纪念展。2001年、2011年分别举办"国家图书馆庆祝建党80周年馆藏珍贵革命文献展览"和"艰难与辉煌——纪念中国共产党成立90周年馆藏珍贵历史文献展"。2011年举办的"东方的觉醒——纪念辛亥革命一百周年馆藏珍贵历史文献展"社会反响热烈，并前往澳门、武汉、江西、青岛等多地巡展，共吸引18万人到馆参观，创下了国家图书馆历次展览参观人数的新高[1]。

其三，配合"中华古籍保护计划"等重大文化工程举办全国性展览。如2006年举办的"文明的守望——中华古籍特

---

[1] 参见陶思琦：《"东方的觉醒——纪念辛亥革命一百周年馆藏珍贵历史文献展"圆满闭幕》，《西域图书馆论坛》，2011年第3期。

藏珍品暨保护成果展"，2007年举办的"光明来自东方——中国造纸、印刷和古籍保护展"等。

其四，宣传我国古老技艺，举办"非遗"展览。2013年，国家图书馆先后举办了"年画中的记忆——国家图书馆藏年画精品暨国家级非物质文化遗产年画项目代表性传承人作品展""大漆的记忆——中国大漆髹饰暨国家级非物质文化遗产项目代表性传承人作品大展"。展览以传承人的作品与馆藏文献、历史文物、影视资料相结合，配合传承人现场展示技艺、与读者直接交流等方式，使读者有机会走近"非遗"，直观、生动地了解"非遗"。同期，还举办了"非遗"讲座，拍摄了传承人口述史。

其五，携手国外图书馆联合举办大展。2017年4月，中国国家图书馆与大英图书馆联合举办了"从莎士比亚到福尔摩斯：大英图书馆的珍宝"展览，首次在中国展出英国代表性作家的经典著作手稿和早期珍贵印本。其中包括夏洛蒂·勃朗特的小说《简·爱》修订手稿本、阿瑟·柯南·道尔的福尔摩斯系列《失踪的中卫》手稿、伊恩·弗莱明的詹姆斯·邦德系列《黎明生机》手稿和莎士比亚的《罗密欧与朱丽叶》早期四开本等。同时展出的还有部分作品的中文优秀译本及中外名家评论等。特别是展览将乔治三世收藏的四开本《罗密欧与朱丽叶》与中国国家图书馆馆藏明茅瑛刻套印本的汤显祖《牡丹亭》同时展出，别出心裁地实现了两位同时代的东西方文学巨匠的交流与对话。

其六，协同阅读推广品牌项目举办展览。自 2005 年开始配合历届"文津图书奖"颁奖仪式举办"文津图书奖获奖图书展"，至今已成功举办 13 场。还有作为国家图书馆另一阅读推广品牌"文津经典诵读"线下活动举办的展览，如 2017 年 12 月举办的"致敬经典　古韵弥新——'文津经典诵读'五周年回顾展"，以及 2018 年 5 月举办的"致敬经典　翰墨诗韵——古诗词原创作品展"。

## 图书馆展览与阅读推广

2003 年公共图书馆定级评估项目中增加了"展览服务"，这大大提升了展览在图书馆业务中的地位，成为图书馆展览业务发展的动力之一。2006 年 10 月，由文化部全国文化信息资源建设管理中心、国家图书馆和上海图书馆共同主办的"首届全国公共图书馆展览资源共建共享交流研讨会"在上海图书馆隆重举行。会上，全国 23 家省级图书馆签署了《全国公共图书馆展览资源共建共享倡议书》，50多家图书馆加入到展览资源共享网络建设中。在随后的若干年里许多图书馆从资源共享和巡展活动中受益，在一定程度上缓解了资金、技术以及人才欠缺的制约，极大推动了图书馆展览服务的发展。近年来，随着许多图书馆纷纷建设新馆，使得馆舍面积大为增加、硬件更加完善，这为开展展览服务提供了良好的条件。

为什么图书馆界对展览业务给予格外的重视呢？以下几点值得思考：

其一，阅读推广要求更加充分地揭示馆藏文献，而展览是揭示馆藏文献最直观的方式。各地方的大中型图书馆大都藏有珍贵文献或是地方特色文献，包括古籍善本、舆图、地方志、家谱、名家手稿等。例如南京图书馆举办的"朝花夕拾：老商标、老广告、老字号"民国时期图片资料展以明显的地方特色获得极大的成功，一个多月的时间里观众逾两万人次，并得到诸多重要媒体的关注和宣传。在庆祝辛亥革命一百周年之际，广东省立中山图书馆以此为契机举办"辛亥革命与广府文化展览"，此次展览的选题角度独特，立意新颖，丰富了辛亥革命的研究形式和内容，展示了该馆及合作机构收藏的反映辛亥革命时期广府文化的图片、书刊、美术作品、工艺品，再现了辛亥革命时期广府地区在意识观念和文化方面的废旧和兴新的发展过程。山西省图书馆则借助"平遥国际摄影节"这个国际摄影盛会的影响力，举办历届优秀作品展，使读者得以饱览摄影艺术精品。

其二，图书馆展览可以培养阅读兴趣。"读书乐"全国摄影比赛优秀作品展是上海图书馆于2002年建馆五十周年之际发起举办的，已先后举办四届，是典型的为推广阅读而举办的展览。作品用镜头聚焦阅读的精彩瞬间，将阅读以艺术的形式展现，自然地流露出书籍与人类的紧密关系。一幅幅动人的画面触动了无数观众的心，在潜移默化中吸引大众贴近书籍、爱上阅读。该展览不但在国内许多地方举办巡展，在全国图书馆界产生广泛影响力，而且面向海内外广泛征集作品，还曾远赴荷兰、秘鲁等国家巡展，将中国人的阅读状态传递给海外观众，成为享誉全国、远播海外的品牌摄影展。

其三，图书馆展览可以指导、帮助阅读。成功的图书馆展览能够对观众的知识建构起到重要作用。观众出于对展览主题的兴趣而前来参观，而成功的图书馆展览可以通过展品和展陈形式帮助读者就展览主题形成一个较为完整的知识体系，进一步拓宽已有的知识边界。例如，2017年10月国家图书馆联合曲阜市人民政府及孔子博物馆共同主办的"圣贤的足迹 智者的启迪——孔府珍藏文献展"在国家典籍博物馆举行。展览分为"孔子世家""金声玉振""杏坛设教""开宗儒学""诗礼传家""万世师表""保护传承"七个单元,展出孔子博物馆馆藏古籍、档案、文物及国图馆藏古籍善本、绘画、珐琅器等文物精品。参观该展的观众明显可以感受到,展览在孔子的生平乃至身后事这一脉络的基础上,完整地展现出孔子的思想精华、孔子的教育理念、孔子倡导的家风、儒家思想的发展历程,以及孔子对后世的影响等。

## "看展"何以成为时尚?

近几年来,"看展"仿佛成了国民新时尚,也成为许多人假日休闲活动的"标配"。同时,为"看展"而排长队的火爆场面也时有出现。无论展出的是"百年一见"的国宝,还是远渡重洋而来的国外珍品,都不乏观众排起长龙争先入馆"一睹真容"。

为什么越来越多人喜欢"看展"?因为当人们满足了基本的物质需求之后便会有更深层次的精神追求。一方面,这种精神追求是对知识、信息的需求,而展览展出的文物、艺

## 第二章 当看展成为时尚：图书馆展览

术品本身就是一种最具代表性的人类精神产品。同时，展览经常配有讲座、表演等文化活动，这大大丰富了观众"看展"的体验，进一步扩充了信息量。尤其对于家长来说，"看展"是孩子获取知识、培养人格、开阔眼界的最优选择之一。另一方面，这种精神追求也反映了人们对于审美的渴求。"看展"帮助人们从日常工作、生活的压力中解放出来，从焦虑、抑郁等负面情绪中脱离出来，获得了美的体验和生活的力量。也在一定程度上摆脱了"不美"对自己的影响，改变了自己的精神状态和体验。"看展"实际上与观山看水、赏花望月、参禅悟道、弹琴读画、品酒饮茶类似，以审美的方式对人们起到心理调适的作用，因此越来越多的人将"看展"作为一种生活方式。

### 图书馆展览如何时尚？

过去，图书馆人常提到展览的"开幕式现象"，即"开幕时热热闹闹，开幕后观众寥寥"。这既有那时"看展"尚未成为普遍现象的原因，也有社会对图书馆关注不够、图书馆展陈条件有限的原因。但如今随着人们生活水平提高、更加追求精神需求，图书馆事业也得到重视，馆舍等各方面硬件条件大为改善,图书馆人目前需要思考的是如何使自己的展览也时尚起来,吸引更多的观众参与其中,从而更加有效地实现文化传播。

其一,挖掘、展现、宣传文献文物之美。最具价值的图书馆展览无疑是馆藏文献文物珍品的展览。这些展品本身承载着丰富的知识和信息,馆员在策展时理应重视其文化传播的属性。同时也应该更加积极地挖掘、发现它们的美,通过展陈技术将其展现出来,通过宣传将其传递给公众。这些美既包括文献、文物内容的美,装帧、装饰形式的美,也包括岁月赋予它们的历史美感,以及现代展陈技术作用于观众的代入感。现在的观众"看展"更强调视觉的享受,这对图书馆展览提出了更高的要求。多做一些审美方面的工作,可以更好地吸引观众来图书馆"看展",更好地引导他们去理解展品,从而实现展览的价值。

其二,培养专业策展人。策展人一词来源于英文"curator",全称是"展览策划人",是指在展览活动中担任构思、组织、管理的专业人员。通常来说,在艺术机构任职的策展人是挂职策展人,不依附于任何艺术机构的策展人则为独立策展人。图书馆展览展出的馆藏珍品常常"自带"学术高度,如何让观众看得懂并不是一件容易的事情，这与策展人的专业水准有着千丝万缕的关系。许多图书馆在相当长的时期里没有专门的展览部门，甚至没有专司展览业务的人员，只是由负责其他业务的馆员兼顾。有些馆即使有专门负责展览的人员，往往也并非专业出身。如今，大中型图书馆很有必要引进和培养自己的专业策展人，充分发挥他们在图书馆展览和观众之间的桥梁作用，确保展览的内容、信息被观众有效接纳。

其三，尝试多种阅读推广方式联动。如何让沉睡的文献和文物活起来，展览是重要的方式，但不是唯一的方式。展览与相关主题的讲座、沙龙、表演、多媒体视听等多种活动方式相结合，可以向观众传递更加立体、更加丰富的信息，使展览效果倍增。在此方面，展览具有独特的空间环境优势。一是展览厅相对而言空间较大，在策展中具备考虑开设讲座、沙龙、表演、多媒体试听播放区域的余地。二是展陈设计可以为讲座、表演和多媒体试听营造良好的环境。相较于在报告厅听讲座、在剧院看表演、在影院看电影而言，观众置身于展厅中在展品的陪伴下参与这些活动会感到别有意趣。

其四，突破文献展的局限。相对于器物展来说，文献展往往观赏性不足，这是图书馆展览较为"吃亏"的方面。在参观文献展时，读者通常所能见到的只是文献中的一部分甚至只有一页，容易令观众感到单调。即便能够展示文献全貌，也难得有人逐字逐句阅读、品味，因为观众未必都具有专业水平，同时"看展"毕竟与阅读书籍时的环境和感受也大不相同。在大英图书馆与中国国家图书馆合作的"从莎士比亚到福尔摩斯：大英图书馆的珍宝"展览之前，工作人员就提前预判到，观众对大英博物馆与中国国家博物馆合作的"大英博物馆100件文物中的世界史"的反响将会更加热烈，因此力图在形式设计上突破文献展的诸多瓶颈，并为此采取了诸多具体措施。例如，从北京人民艺术剧院借展《哈姆雷特》演出戏服7套，将身着戏服的造型模特放置于展厅内的剧场布景中，使莎士比亚剧本中的故事情节跃然纸上；从国家图书馆馆藏视频文献中遴选出上海译制片厂编译的《简爱》《大卫·科波菲尔》《王子复仇记》三部经典电影，于放映区循环播放，并使用定投音箱在展厅特定区域播出布里顿歌剧《仲夏夜之梦》的音频；以二维码的方式嵌入作家、作品介绍，相关文章和书影等作为延伸阅读；由专业人士绘制10组作家的素描肖像，以西方绘画的方式装裱并悬挂。这些措施有效地增加了该展的观赏性，对突破文献展做出了成功的探索和尝试。

其五，共享图书馆展览资源。"共享"是当下的流行词，"共享单车"遍布街头，"共享图书"初露端倪，各种"共享事物"层出不穷，图书馆展览资源也可以共享。展览服务需要投入大量资金，展出效果好、社会影响大的精品展更是如此。如果不是常设展，那么撤展后会产生大量的闲置和浪费。图书馆界传统上的巡展、合作办展等都是资源共享的方式，在此基础上还应培养共享思维，拓宽共享的广度，探索共享的深度。从思维方面说，共享不是单方面的，既需要主动引进他馆的展览资源，也需要积极推送自己馆的展览资源，"有来有往"才能共同受益。从广度方面说，共享不是行业内的"自娱自乐"，既需要业界的交流合作也需要跨行业及跨国的交流合作，只有突破壁垒才能改变固有的模式。从深度方面说，可以共享的不仅是展品资源，策展资源、设计资源、宣传推广资源、数字化资源等皆可共享。对可共享的资源挖掘越深，呈现出的展览就会越精彩。

其六，开发在线展览。与以实体形态呈现的展览相比，依托数字手段的在线展览具有独特的优势。一是在线展览突破了时空的局限，更加便于公众的自由获取。无论何时何处，只要有网络，便可以通过电脑、手机等终端"看展"。二是在线展览突破了人们的目力所及，甚至突破了人们的想象力。数字技术帮助观众从不同的角度"看展"，这些角度可能是观众自己无法设想或者无法实现的。例如敦煌研究院推出的"数字敦煌"（www.e-dunhuang.com）以数十年的努力使大漠深处的艺术瑰宝展现在全世界观众的眼前。"数字敦煌"提供壁画和塑像的高清大图，并以3D模拟实景的形式展现，极具视觉冲击力，令人震撼。这不仅带给人美的观感，也为学者研究敦煌创造了条件。即使有幸亲临那些平时不开放的洞窟观看壁画、塑像，也不会比在线观看更加清晰。因此，社会各界纷纷称赞"数字敦煌"功德无量。三是在线展览可以通过深度链接直接"嵌入"阅读。置身在线展览之中，当"看展"的观众发现自己感兴趣的展览内容，便可立即通过链接去阅读相关电子图书，或在线观看演出和影视剧，或购买相关图书和文创产品，等等。当然也可以通过链接前往相关的其他在线展览。

# 第三章　学术文化争鸣的平台：
## 图书馆讲座

《营国匠意——古都北京的规划建设及其文化渊源》获得第四届文津图书奖之后，经组委会办公室推荐，学术讲座组邀请朱祖希先生于2009年2月21日做客国图讲坛，讲授"营国匠意——古都北京的规划建设及其文化渊源"。讲座吸引了400余位听众前来参与，社会反响热烈。这也激发了朱祖希先生的热情，他建议国家图书馆学术讲座组开办"北京的世界遗产"系列讲座，并积极协助策划选题、推荐主讲专家。该系列讲座介绍了当时北京已经被列入"世界遗产名录"的六项遗产的历史文化价值，这些遗产包括长城、颐和园、天坛、明十三陵、周口店猿人遗址和故宫，取得了很好的效果①。2011年，北京市人代会首次提出"应特别保护和规划好

---

① 2014年在卡塔尔首都多哈举行的第38届世界遗产大会上，中国提交的"大运河"文化遗产申请项目成功入选《世界遗产名录》，北京的世界遗产增加至七项。

首都文化血脉的中轴线,并力争为其申报世界文化遗产"。国图讲坛迅速反应,于3月27日再次邀请朱祖希先生开办讲座,讲授"北京中轴线的形成及其历史文化渊源",一方面响应北京中轴线申遗,另一方面为即将推出的全新的阅读推广项目"阅读之旅"做好铺垫和准备。

## 何为讲座?

讲座最初是指座位。在《汉语大词典》里,讲座的释义是:"高僧说法或儒师讲学的座位。"① 例如,南朝梁释宝唱《比丘尼传》:"贤乃遣僧局赍命到讲座,鸣木宣令,诸尼不得辄复重受戒。"② 唐白居易《三教论衡》:"儒臣居易,学浅才微,谬列禁筵,猥登讲座。"③《朱子语类》卷七十九:"于是日入道观,设讲座,说皇极,令邦人聚听之。"④ 明吴宽《桂岩

---

① 汉语大词典编纂委员会:《汉语大词典》(缩印本),世纪出版集团汉语大词典出版社,2002年,第6660页。
② 顾廷龙主编,续修四库全书编纂委员会编:《续修四库全书》,第1385册,上海古籍出版社,2002年,第662页。
③ [清]纪昀、永瑢等编纂:《景印文渊阁四库全书》,第1080册,台湾商务印书馆股份有限公司,2008年,第749页。
④ 商务印书馆四库全书工作委员会编:《文津阁四库全书》,第233册,商务印书馆,2005年,第220页。

书院铭》:"桂岩种德,旧扁在此,讲座有铭,敢效遗轨。"①《辞源》对讲座的解释同讲席,即:"讲学者的席位,讲坛。"②例如,唐孟浩然诗《题融公兰若》曰:"芰荷薰讲席,松柏映香台。"③

讲座也是一种学术制度。中国古代的书院是供人读书或讲学的场所,与现在的图书馆有相似之处,其最显著特点为讲会制度。为了考订、校勘图书,一批学者被组织起来,为宫廷宰臣讲解经籍,也有一些学者借书院读书治学,招募学生,讲经布道。讲会制度扩大了书院的影响,推动了学术的交流与发展,与当今的图书馆讲座具有相近的功能。

在国际上,欧美学院也有所谓的讲座制,它是指"在大学里定出教学研究的专攻领域为其教学研究方向,并配备一定数量的教师进行授课与科研的制度。一个讲座往往代表高等教育中的一个学科方向,是大学的教学、科研、财务、人事、行政的基层单位。一名教授、一名副教授、两名有学位的助教就是一个'讲座'的基本成员。此外还可以配备一至四名

---

① [明] 吴宽撰:《家藏集》,四部丛刊景明正德本。
②《辞源》(修订本),商务印书馆,1988年,第1583页。
③ [清] 纪昀、永瑢等编纂:《景印文渊阁四库全书》,第1071册,台湾商务印书馆股份有限公司,2008年,第459页。

行政助理、教学辅助人员或技术实验员，由教授领导"[1]。西方讲座制由来已久，最早可以追溯到古希腊时期，近代德国洪堡大学的成功改革使其焕发了新的活力并盛行于世。讲座教授一般都是本学科领域的学术权威，并且拥有很大的权力，这是讲座制存在的理论基础。随着高等教育的发展，新兴的学系制逐渐取代讲座制，成为大学主要的基层学术组织结构形式。

此外，讲座还是一种学术活动形式。在《现代汉语词典》中，讲座的释义是"一种教学形式，多利用报告会、广播、电视或刊物连载的方式进行"[2]。从广义的概念理解，讲座指的是针对某一学科或某一专题进行的知识讲授。可以说一切以语言为主要媒介，进行知识传播和学术交流的活动都可以纳入到讲座的范畴，包括演讲、访谈、对话、沙龙、问答等。

## 如何定位图书馆讲座？

目前，讲座广泛地开展于高校、科研院所、媒体、书店等相关单位。其中图书馆讲座以传承文明、服务大众为己任，把这种学习方式变成一种涉及范围更广、影响更大、方式更

---

[1] 符娟明：《比较高等教育》，北京师范大学出版社，1987年，第571页。
[2] 《现代汉语词典》，商务印书馆，2000年，第627页。

灵活的社会教育举措。图书馆讲座，通常是指各类图书馆立足于其文献资源的优势，为满足读者多样化的知识与信息需求，以弘扬文明、传播知识、开发智力为目的，采用讲授、演讲、对话、访谈、讨论、赏析等方式，面向其目标读者主动策划举办的公益性社会教育活动。

身处全球信息化时代，越来越多的人从文化发展中寻找自我发展的源泉，寻求社会进步的动力，图书馆讲座成为人们获取知识信息、充实精神世界、提升自我素质的选择之一。图书馆讲座历史悠久，与其他传统业务相比，它始终是一种主动服务模式。很多图书馆的阅读推广工作都是从讲座业务开启的。随着阅读推广事业的发展，讲座由图书馆的一项延伸业务逐渐转变为核心业务之一，成为图书馆发挥其弘扬文明、传播知识、开展社会教育等功能的重要载体，被公认为是构建公共文化服务体系和创建学习型社会的有效方式。相对于其他机构所举办的讲座，图书馆讲座具有鲜明的特点。

第一，公益性。图书馆讲座是一种面向全社会开放的公共文化服务形式，是非营利性的社会公益活动。其他机构举办的讲座难免会存在不同程度的商业目的，具有一定的功利色彩，但图书馆讲座则没有任何营销目的。人们不受年龄、身份等任何条件的限制,都可以到图书馆参加讲座,学习知识,是真正的"社会公共课堂"。

第二,学术性。图书馆讲座的公益性质使其免除了经济目的的束缚,能够从社会责任出发,坚持学术品位,在选题上精益求精,在主讲人遴选上严格把关,为不同见解甚至是对立的学术观点提供辩论与交流的平台,真正做到"百花齐放、百家争鸣"。同时,图书馆讲座以传播优秀文化为己任的服务理念也得到了广大专家学者的认同与支持。专家往往将自己多年的甚至毕生的研究成果凝聚在一场讲座之中,使读者感到参加两个小时的讲座胜读十年书。

第三,时效性。讲座对读者的吸引力在于讲座内容的现实性和针对性。专家以讲座为平台,第一时间与广大读者分享自己对社会热点的理论分析,既为读者提供了认识现实问题的科学方法,又可以通过与读者的交流不断验证和修正自己的理论分析。在图书馆举办的各类讲座中,上座率较高的往往是与社会热点话题相关的讲座。这类讲座传递知识信息的时效性大大超过了文章、书籍等文献载体,实现了专家走出书斋、走进生活、服务社会的理想。

第四,计划性。其他机构讲座的规划和组织较少考虑长期规划，具有很大的随机性和临时性。而图书馆讲座则需要提前制订年度计划、月度计划，工作人员结合馆藏文献资源和时代特点，以前瞻性的眼光策划选题。

第五，互动性。图书馆讲座不仅为广大读者提供一种获取知识的途径，更为读者与专家之间搭建起一个沟通与交流的平台。与图书馆的传统服务相比，讲座构建了动静结合的文化氛围，创造了全新的社会教育形态。讲座顾名思义以"讲"为主，但经过多年的发展，图书馆讲座已经不局限于讲。根据讲座选题和内容，还可以采取讲座与表演相结合、讲座与赏析相结合、讲座与展览相结合以及对话、沙龙等灵活多样的形式来展现。

第六，导向性。图书馆的文献借阅、参考咨询等传统服务形式，大多是对读者的需求做出响应。而讲座则是一种主动服务的模式。作为图书馆阅读推广的重要方式之一，讲座能够很好地发挥指导阅读、引领学习的导向作用。

第七，大众性。图书馆讲座针对不同的受众提供服务，既有面向大众的讲座，也有面向专业人士、领导干部或其他特殊群体的讲座，但大众始终是图书馆讲座最庞大、最重要的受众群体。公共图书馆作为公民平等享用的公共文化设施，其讲座活动必然以服务社会大众为宗旨。

图书馆讲座从不同的角度可以划分为不同的类型。第一，按照图书馆的类型来划分，可以分为国家图书馆的讲座、公共图书馆的讲座、高校图书馆的讲座和专业图书馆的讲座等。第二，按照讲座的选题来划分，可以根据其所属学科领域分为文史类、科技类、艺术类、教育类、经济类、时政类等。第三，按照讲座的受众类型来划分，可以分为大众类、少儿类、老年人类、学生类、专业人士类、领导干部类等。第四，按照受众的组织形式来划分，可以分为会员制类与全面开放类。第五，按照讲座的表现方式可划分为演讲式、赏析式、对话式、访谈式、讨论式、沙龙式以及演讲与表演结合、讲座与展览结合等多种形式。

1975年国际图书馆协会联合会在法国里昂召开图书馆职能科学讨论会，确定了图书馆的社会职能，即保存人类文化遗产、传递科学知识信息、实施社会教育、开发智力资源等。图书馆讲座的功能与图书馆所承担的社会职能是完全一致的。第一，弘扬文明。图书馆、博物馆和档案馆在国外有一个统一的称谓——文化记忆机构。意指这些机构都具有保存和传承本民族乃至全人类文化作品和历史记忆的责任与义务，它们使人类的社会实践所取得的经验、文化、知识得以系统地保存并流传下来,成为今天人类宝贵的文化遗产和精神财富。讲座突破了图书馆资源的载体形式,不但可以以纸质文献形式保存讲座的文字内容,而且可以利用录音、录像等技术,将人类文明的成果更加鲜活地保存下来,无论在内容上还是在形式上都大大丰富了图书馆自建资源。第二,传播知识。随着现代社会的发展,继续教育、终身教育已经成为各界人士的共同需求。只有不断地充实自己的知识积累,才能适应日益加剧的社会竞争。在此环境下,发挥自身资源优势,举办公益性文化讲座,满足读者多元化的知识信息需求,图书馆责无旁贷。第三,促进交流。图书馆讲座不但为学术文化提供了一个交流和争鸣的平台,也为专家学者提供了检验研究成果的机会,更为公众提供了真正平等的受教育机会。图书馆讲座以其知识密集、及时高效、交流互动等特点成为读者学习的最佳方式之一。

## 国家图书馆讲座历史追溯

国家图书馆讲座可以追溯至1952年,由当时的群众工作组具体负责策划组织,并很快成为国家图书馆最受群众欢迎的活动。听讲人数由最初的 400 余人逐步增长，1953 年参加人数最多的一场达到 1700 余人，经常出现读者排长队领取讲座入场券的景象。除北京市内读者外，还常有郊区及外地的读者专程前来参加。国家图书馆讲座秉承"保国粹而惠士林"的文化传统和人文精神，内容涉及非常广泛的领域，选题覆盖政治、经济、历史、文学、艺术和自然科学等，各学科领域的前沿思想和学术观点在此碰撞、争鸣、激荡。那一时期，国内外许多著名学者担任了主讲人，如作家老舍、郭沫若、田汉、丁玲、肖三、吴祖缃，诗人艾青、何其芳，翻译家曹靖华、张铁弦等，这些精彩讲座给读者们留下了深刻的记忆。为了使讲座取得更好的效果，工作人员还会有针对性地印发提纲、参考书目及与选题相关的辅助材料，或配合讲座内容举办图书和图片展览、诗歌朗诵，放映幻灯片和电影等。可以说，自那时起国家图书馆就已经通过举办讲座的方式，开始了社会教育和阅读推广的探索。这种情况一直延续到 20 世纪 60 年代中期，其中不乏纪念历史文化名人的讲座，如 1962 年举办了纪念杜甫诞辰 1250 周年讲演会，1963 年为纪念曹雪芹逝世 200 周年邀请吴祖缃主讲了"读《红楼梦》的体会"。

1966 年至 1976 年，国家图书馆讲座的内容主要集中在马

## 第三章 学术文化争鸣的平台：图书馆讲座

列主义、毛泽东思想方面，听众多为各合作单位组织的员工。1966年"（革命职工）根据广大革命群众的要求，正在积极筹备开设'毛主席著作讲用室'，以便协助工农兵、革命师生和革命干部更好地交流活学活用毛主席著作的经验"①。1974年1月17日为了配合各单位学习元旦社论，国家图书馆邀请新华社的方实举办了国内形势报告会，参加人数为2700余人，讲座后听众还要求再举办关于国际形势的报告。1975年组织了四次大型报告会和六次政治经济学讲座，参与人数共计57000人次，相当于同年阅览室接待读者数量的1/3。1976年根据毛主席关于要"读点鲁迅"的指示，举办了学习鲁迅报告会，来自673个单位的5500多人参加。应听讲读者要求，还专门到其所在单位面向全体职工举办了该报告会，可以说相当于现在的"巡讲"或"定制讲座"。

1977年国家图书馆阅览部举办了四期自然科学专题讲座，内容是数理化基础科学方面的有关知识。1979年停办多年的群众工作组得以恢复，12月在首都剧场举办了丁玲读者见面会，参加人数约1100多人。1980年开始推出了多场具有重要

---

① 李致忠主编：《中国国家图书馆馆史资料长编》（1909—2008），国家图书馆出版社，2009年，第577页。

学术价值的讲座，例如老舍夫人胡絜青出席并发言、孙钧政主讲的"老舍作品的语言"，罗章龙主讲的"回忆少奇同志早期革命活动片段"，周汝昌主讲的"关于《红楼梦》的情节与结构"，新凤霞出席并发言、吴祖光主讲的"我和戏剧"，艾青主讲的"谈诗歌创作"，孔罗荪主讲的"伟大的革命现实主义作家——茅盾"，王蒙主讲的"小说创作漫谈"，姚雪垠主讲的"关于崇祯形象的塑造"，等等。工作人员配合讲座内容，有时播放电影，有时举办展览，有时编制书目，形式非常灵活多样。1984年至1985年国家图书馆联合商务印书馆、北京市历史学会共同举办了"面向世界"外国历史讲座，以此响应邓小平关于"教育要面向现代化、面向世界、面向未来"的指示，帮助读者了解世界各民族的兴衰和历史发展进程，认识人类社会发展的普遍规律。该系列讲座为期一年，共举办17讲，主讲专家为来自北京各大学和中国社会科学院世界史研究所的专家，受到听众的好评。1985年国家图书馆确定的十项具体工作任务之一便是"根据国家图书馆的特点，通过举办图书展览、知识讲座等方式，向国家干部和人民群众宣传马列主义、毛泽东思想，交流科学研究经验，传播科学文化知识"。1987年，国家图书馆新馆建成，一批现代化

## 第三章　学术文化争鸣的平台：图书馆讲座

的报告厅、教室及教学工具投入使用，同时，国家图书馆进行了机构调整，新成立了学术活动服务部，其中两名员工专门负责讲座工作。

新世纪以来，国家图书馆讲座迎来了繁荣发展的新时期，文津讲坛、部级领导干部历史文化讲座、文津读书沙龙、国图讲坛、典籍与文化系列讲座、文津少儿讲坛、国家典籍博物馆系列讲座等相继开办。讲座品牌之多、质量之高在国内图书馆界首屈一指。这些讲座不但促进了学术文化的传播与交流，为广大公众提供了平等的受教育的权利，为全民学习、终身学习提供了现实条件，而且通过全国公共图书馆讲座联盟这一平台引领带动了全国图书馆讲座业务的发展。2006年，国家图书馆成立了社会教育部（时称文化教育培训部），后在其下设学术讲座组，接手"文津读书沙龙"，开办"国图讲坛"，集中优势资源从事讲座的策划、组织和宣传推广工作。2009年4月23日"世界读书日"，温家宝总理出席了讲座品牌之一"文津读书沙龙"活动，在听了中国社会科学院周国平研究员讲授的"阅读与人生"、分享自己读书体会的时候，温家宝总理讲道："今天是'世界读书日'，大家通过读书和举办讲座等形式开展活动，这对于推动全民族养成读书的良好习惯,提倡读书好、好读书、读好书将起到促进作用。书籍是人类智慧的结晶。读书决定一个人的修养和境界,关系一个民族的素质和力量,影响一个国家的前途和命运。一个不读书的人、不读书的民族,是没有希望的。"[1] 同年"文津读书沙龙"和相关联的"文津图书奖"共同荣获中宣部和新闻出版总署联合颁发的"全民阅读优秀项目"。

## 没有策划就没有讲座

选题策划是图书馆讲座品牌的根基。首都图书馆宣传策划部王海茹主任有一个明确的观点:没有策划就没有讲座,没有策划就没有阅读推广。紧抓选题是国家图书馆讲座在历史上形成的优良传统,老馆长任继愈先生生前对此格外关注,常常亲自策划选题、邀请专家,并对工作人员的策划能力提出很高的要求。

图书馆在组织选题策划时应考虑以下几个因素:其一,选题策划应该与本馆职能定位相符,有所坚守才能独具特色。

---

[1]《读书好 好读书 读好书——温家宝总理参加"世界读书日"活动纪实》,中国政府网,2009年4月23日,http://www.gov.cn/ldhd/2009-04/23/content_1294455.htm。

## 第三章 学术文化争鸣的平台：图书馆讲座

任继愈先生就强调国家图书馆讲座的选题应与国家图书馆自身的定位相符，要更加注重学术性、研究性。詹福瑞馆长在回忆任继愈先生时曾谈道："（任先生）说国家馆的定位问题，他就说梁启超那时候做馆长，他做了一件很大的事情，就是国家图书馆的定位，它应该是一个研究型的图书馆，他这是给我们做了很大的贡献，他一再交代这个事情，跟我讲了三遍讲这个事情。"[①] 相对地方馆而言，国家图书馆的讲座资源更为丰富，但绝不应没有选择地随意策划举办。有选择就要有标准。什么样的标准？学术研究。向读者传播学术研究成果，以学术研究引导读者。因此曾有专家提出中肯的意见：有些讲座可以交给城区馆举办，各有侧重，差异化发展，保持国家图书馆讲座的学术水准。

其二，遴选专家是选择策划的关键环节，直接关系到讲座的预期效果能否实现。梁启超先生有言："战士死于沙场，学者死于讲座。"成功的学术讲座是知识的盛宴和思想者的节日。短短两个小时的讲座往往凝聚了学者多年甚至毕生的研究成果。任继愈先生对讲座专家的遴选有很高的要求，不

---

① 《追忆任继愈：病重卧床仍在交待国家图书馆工作》，搜狐网，2001年7月14日，http://news.sohu.com/20090714/n265190165.shtml。

但要学问精深，而且要人品高洁，这两个方面有一个达不到标准都不能邀请。他曾亲自为讲座品牌之一文津讲坛邀请红学家周汝昌、历史学家张岂之、经济学家厉以宁等担任主讲人，使文津讲坛成为推广优秀文化的重镇。回顾国家图书馆讲座60多年的历史，主流始终是坚持求知求真的学术精神，既看不到"国学热"倾向，也没有追捧"大师"和"学术明星"的痕迹，经受了时间的检验和读者的检验。

其三，关注现实，抓住热点，把握学术前沿。专家可以在讲座中第一时间与读者分享自己对社会热点的理论分析，时效性远高于文章、书籍等其他形式。任继愈先生曾说，自然科学可以反复观察研究，因为自然的变动比较慢；历史和社会现象，只能在社会运动中观察认识，一个事件不及时研究，很快就过去了。发展社会科学没有捷径可走，必须百家争鸣。怀疑才能前进和发展，否则心有余悸，都远离政治，不问苍生问鬼神去了。詹福瑞馆长一向主张专家要走出书斋、走近社会，他曾在接受媒体采访的时候表示，知识分子被认为是社会的良心，就有责任对一些社会公共问题发表看法，传播真知。相反，一些学者躲进象牙塔，对社会事务漠不关心，这反倒是不正常的。他曾专门写过一篇文章，警示知识分子一定要力避三大症：不敢担当社会责任的侏儒症、对权贵低头哈腰的软骨症、没有主见与思考的无脑症。2008年年初，当詹福瑞馆长得知国图讲坛正在策划"人文奥运"系列讲座，他马上肯定说"你们想到我前面去了"，并给予大力支持。从那时起，国图讲坛始终关注讲座的时效性与前瞻性。例如，2013年结合"大数据"的兴起开办的"大数据研究"系列讲座；2015年结合"一带一路"策划举办的"世界遗产视野下的'一带一路'"系列讲座，结合"美丽中国，美丽乡村"策划举办的"乡村，诗意的栖居"系列讲座，4月23日正逢汤显祖、莎士比亚、塞万提斯辞世400周年，国图讲坛于4月5日推出了纪念三位文学巨匠的系列讲座；2017年结合"工匠精神"策划举办的"匠意营造：中国传统建筑"系列讲座；2018年结合"让文物活起来"举办的"古代物质文化"系列讲座等，将学术研究与社会热点很好地契合，得到公众的热烈欢迎。

## 讲座的首要价值

读者是图书馆讲座的直接受众，满足读者对于知识和信息的需求是图书馆讲座的首要价值。在国家图书馆的讲座品牌中，除部级领导干部历史文化讲座和文津少儿讲坛的受众分别为部级领导干部和少年儿童等特定人群,其他品牌对受众皆无限定。国图讲坛是近十年来举办讲座数量最多、选题范围最广的品牌之一,其调查数据可以在一定程度上了解读者的状况。

表3-1 国图讲坛读者年龄分布统计表

| 年龄 | 17岁以下 | 18—29岁 | 30—39岁 | 40—49岁 | 50—59岁 | 60岁以上 | 全部 |
|---|---|---|---|---|---|---|---|
| 比例 | 5.1% | 65.3% | 10.2% | 4.1% | 6.1% | 9.2% | 100% |

从表3-1中可以看出:第一,国图讲坛的受众以青年人为核心群体,18—29岁的读者比例为65.3%,接近全部受调查者的2/3,随后为30—39岁的读者,比例为10.2%,以上两个年龄段的读者比例共占75.5%;第二,60岁以上读者比例为9.2%,表明国图讲坛对于倡导"终身学习"、丰富老年人的文化生活发挥着积极作用。

表3-2 国图讲坛读者职业分布统计表

| 职业 | 比例 |
|---|---|
| 大学生 | 38.7% |
| 中小学生 | 3.4% |
| 公务员及事业单位人员 | 8.4% |
| 公司职员 | 15.1% |
| 教师 | 18.5% |
| 其他职业 | 1.7% |
| 无职业 | 4.1% |
| 退休人员 | 10.1% |
| 合计 | 100% |

## 第三章 学术文化争鸣的平台：图书馆讲座

表 3-2 显示：第一，大学生（含本科生和研究生）在国图讲坛的受众中所占比例最高，随后是教师、公司职员；第二，在职人员（含公务员及事业单位人员、公司职员、教师及其他职业人员）和大学生所占比重较大，分别为 43.7% 和 38.7%，共同构成了国图讲坛受众的主体部分；第三，学生和教师所占比重说明，国图讲坛在一定程度上发挥着学生课外学习补充和教师自我提高的作用。

调查显示，国家图书馆的讲座受众对文史哲主题的需求最高，有 87.4% 的受调查者选择了该项。而此类讲座始终是国家图书馆讲座的强项，较为符合受众的需求。艺术类主题的需求紧随其后，56.3% 的受调查者对艺术类讲座感兴趣。自然科学类、时政热点类、教育类、金融经管类和医药卫生类的主题则分别有 36.1%、35.3%、31.1%、27.7% 和 19.6% 的受调查者选择。

调查同时显示，71.4% 的受调查者参加讲座是受到选题的吸引，而被主讲人吸引参加讲座的仅占 16.8%，这反映出读者对讲座的选择非常理性，他们最在意的是讲座内容能否满足自己的需要。有超过半数的受调查者（52.1%）表示参加讲座是为了拓宽知识面，这也反映出国家图书馆读者的求知精神。

## 讲座需要传播

讲座资源开发、共享与传播的目的在于突破讲座现场的时空局限，进一步扩大讲座的受众面，使讲座产生更加深远和广泛的影响。文津讲坛、部级领导干部历史文化讲座、国图讲坛、中国典籍与文化系列讲座等品牌出版了多部讲座文集，但目前还只揭示了部分讲座内容，尚有许多讲座文稿有待整理和出版。2007 年以来国家图书馆讲座音视频资源的年增长量保持在 200 场左右。截至 2018 年 6 月 11 日，国家图书馆官方网站累计为公众提供在线讲座视频 1282 场，全国文化信息资源共享工程网站则发布国家图书馆讲座视频 1000 余场。2009 年由国家图书馆与北京歌华有线合作的全球首家图书馆专业电视频道"国图空间"推出了国图讲座栏目，增加了读者收看收听讲座的渠道。目前该服务在北京已覆盖 460 万户家庭。2016 年 9 月，数字图书馆推广工程通过微信公众号推出了国家图书馆和多家地方图书馆的讲座直播服务，人们可以随时随地收看，直播画面、声音清晰流畅，十分方便。截至 2018 年 10 月 12 日已直播 70 场次。

## 全国公共图书馆讲座业务调查

国家图书馆讲座组曾开展一项针对公共图书馆讲座业务的问卷调查,调查对象包括各省、自治区、直辖市图书馆,省会图书馆,副省级市图书馆,地级市图书馆及县级市图书馆。调查共回收有效问卷91份。在接受调查的91家图书馆中,省级图书馆有18家,占调查馆总数的19.8%;省会及副省级市图书馆19家,占20.9%;地级市图书馆53家,占58.2%;县级市图书馆1家(自发参与调查),占1.1%,覆盖全国28个省、自治区、直辖市。

其中93%的图书馆讲座业务始于2000年以后,部分图书馆的讲座业务历史悠久。例如,湖北省图书馆的讲座业务始于1953年,而遵义市图书馆、郑州市图书馆、北京市东城区图书馆的讲座业务则可分别追溯至1951年、1953年和1956年。

经过多年的探索和发展,公共图书馆讲座的品牌化、系列化已经形成,在各省市具有较高的影响力。接受调查的图书馆中超过80%的讲座创立了自己的品牌名称或系列名称。各馆因地制宜、因馆制宜,采用切合本地实际情况的运作模式,以创新的精神走出了多种多样的讲座业务发展之路。

讲座作为公共图书馆的一项公益性服务,不以营利为目的。接受调查的图书馆全部坚持讲座的公益性，都没有以出售门票等方式向参加讲座的读者收取任何费用。

在接受调查的图书馆中，82.4%的图书馆主要邀请本地高校的教师及科研院所的研究人员担任主讲人，62.6%的图书馆会邀请外地的专家学者或社会名人担任主讲人，另外也有25.3%的图书馆会请本馆工作人员担任主讲人。89%的图书馆由自己的工作人员直接邀请主讲人，71.4%的图书馆会通过合作单位协助邀请主讲人，44%的图书馆愿意接受主讲人的自我推荐。可见，公共图书馆的讲座以独立策划为主，这有利于锻炼和提高讲座工作人员的自主策划和组织能力。同时，公共图书馆就专家资源共享和选题策划较为广泛地开展社会合作，借助"外脑"为"我"所用。调查显示，42.9%的图书馆有意识地建立起自己的专家资源库，这为讲座业务的可持续发展提供了保障。

成功的讲座既要有优质的选题和优秀的主讲人，也要有相应的宣传来实现最佳的传播效果。在接受调查的图书馆中，74.7%的图书馆在官网上发布讲座预告及其他宣传资料。此外，海报、报纸杂志、电视广播、其他网络媒体也是各馆讲座重要的宣传途径，这些方式分别有75.8%、69.2%、75.8%

和44%的图书馆使用。除传统媒体外，一些图书馆还积极利用新媒体宣传讲座。上海图书馆最早推出了手机短信服务，福建省图书馆、湖北省图书馆、重庆图书馆早在2010年之前就采用了讲座微博、QQ群、豆瓣小组等宣传方式。如今，微博、微信公众号等新媒体已经成为各馆宣传讲座的常规方式。在接受调查的图书馆中，31.9%的图书馆将讲座视频上传到官网，提供在线讲座服务，在实现二次传播的同时也起到了宣传讲座品牌的作用。

场地是举办讲座必不可少的硬件条件，近年来许多公共图书馆尤其是省馆建设了新馆舍，讲座场地及设备大为改善。接受调查的图书馆中，40.7%的图书馆讲座场地容量为50—150人，34.1%的图书馆讲座场地可容纳150—300人，而22%的图书馆讲座场地可容纳300人以上。

在读者管理方面，接受调查的图书馆中有72家的讲座对读者全面开放，占79.1%；3家的讲座以读者俱乐部的方式进行读者管理，占3.3%；16家同时采取以上两种读者管理方式，即部分讲座面向公众开放，部分讲座针对读者俱乐部成员举办，占17.6%。由于多数图书馆讲座面向读者全面开放，因此受众组成较为多样。机关及企事业单位在职人员、大学生、中小学生、离退休人员等构成受众的主体。

面对来自社会各界的受众，公共图书馆讲座的分层服务显得愈发重要。56%的图书馆可以根据某些单位的需要专门为其职工定制讲座，使得讲座服务走出图书馆、走向社会；而24.2%的图书馆专门针对残疾读者等群体举办过无障碍专场讲座，体现了图书馆的人文关怀。福建省图书馆、山西省图书馆等受相关部门委托针对本省领导干部举办专场讲座，还有一些图书馆将讲座办到了学校、军营、社区、监狱、福利院等地，在空间和时间上，大大拓展了图书馆讲座的外延。这些主动服务的举措扩大了图书馆的影响力，帮助更多的人了解、走进、利用图书馆，促使政府和公众对图书馆的功能有了新的认识。

根据受众的反馈，70.3%的图书馆所举办的讲座受到读者欢迎，19.8%的图书馆所举办的讲座被评价为一般，而约10%的图书馆表示对读者的评价不甚清楚。

资料保存是讲座衍生品开发的基础。在接受调查的图书馆中，87.9%的图书馆将讲座现场照片存档，61.5%的图书馆对讲座进行拍摄和数字化编辑制作，61.5%的图书馆保存讲座课件，31.9%的图书馆存有讲座录音，仅有6.6%的图书馆未做资料保留。可见，绝大部分图书馆有意识地留存了资料，不但丰富了自建馆藏资源，而且使衍生品的开发成为可能。

在接受调查的图书馆中，有40%的图书馆开发了视频产品，30%的图书馆整理了资料汇编，18.7%的图书馆出版了图书，讲座衍生品的开发成果初步显现。另外还有33%的图书馆尚未开发任何讲座衍生品，36.3%的图书馆的讲座资料引起了出版社及其他相关机构的关注，并表达了合作开发的意向。

随着网络技术和新媒体的发展，越来越多的图书馆开展了讲座网络直播服务。新技术在短短几年中大大改变了讲座的服务方式，读者不必亲临现场就可以同步收看讲座，这在从前是无法想象的。

在公共图书馆讲座业务整体取得长足发展的同时，部分图书馆的讲座开展中还存在着一些制约因素。

首先，讲座经费仍然不足。就经费来源看，在接受调查的图书馆中，59%的图书馆主要依靠馆方拨付，31%的图书馆得到所在省市的专项经费投入，8%的图书馆得到了商业赞助，15.4%的图书馆表示没有经费来源。也就是说，大部分图书馆讲座能够得到经费方面的基本保障。但是，同时有80.2%的图书馆认为讲座经费投入仍然不足，28.6%的图书馆认为场地、设备等硬件设施达不到要求。我国各区域发展很不均衡，各地图书馆拥有的资源也相当悬殊。有些省级图书馆每年的讲座经费可达 200 万元，个别馆甚至高达 400 万至 500 万元，而其他一些地区的图书馆购书经费尚十分短缺，根本无法保障讲座等阅读推广业务的投入。在经费有限的制约下，大部分图书馆支付给专家的课酬还处于较低水平。在接受调查的图书馆中，34% 的图书馆向专家支付的课酬在 100 元至 500 元之间，25% 的图书馆课酬标准在 500 元至 1000 元之间，18.7% 的图书馆不支付课酬。也就是说，课酬在 1000 元以下的图书馆，包括不支付课酬的图书馆，约占到 78%。而课酬在 1000 元以上的图书馆仅为 11%，另有约 10% 的图书馆表示不便透露。作为一项公益性文化活动，图书馆讲座不可盲目以高价追捧某些"明星"专家，但是对于专家的合法合理收益则应当予以保障。

其次，专家资源匮乏。在接受调查的图书馆中，60.4% 的图书馆面临专家资源不足的困难。地域差别和城乡差别导致各地教育资源配置很不平衡，专家学者多集中在高校和科研院所密集的大型城市。在接受调查的图书馆中，82.4% 的图书馆主要邀请本地专家担任讲座主讲人。对于专家资源稀缺的欠发达地区和中小型城市来说，邀请外地专家到本地讲学更加存在着诸多现实困难，不但要确保课酬、差旅等经费方面的保障，还要克服缺少联系专家的途径、难以争取专家的配合、交通不便等问题。这导致一些地区的图书馆很难开展讲座业务。

再次，社会影响力有限。在接受调查的图书馆中，27.5%的图书馆认为讲座的社会影响力太小，公众关注度不够，参与读者数量较少。同样的讲座选题，一些图书馆的宣传效果往往不如书店、书商，而中小型图书馆的宣传效果常常不如大图书馆。特别是中小型图书馆的讲座信息很难被各类宣传媒体所重视，不利于讲座知名度的提高和社会影响的扩大。

最后，专业队伍建设薄弱。讲座工作对从业人员的素质要求很高，需要兼具策划能力、公关能力、管理能力的复合型人才，同时要求策划者具备广博的专业知识。在接受调查的图书馆中，23.1%的图书馆认为本馆讲座工作人员的数量和素质无法达到工作的要求。有73家即占总量80.2%的图书馆有专职人员负责讲座业务，具备一定的专业化水平或初步打下了专业化的基础；另外19.8%的图书馆没有为讲座业务设置专门的岗位和人员，仅由其他工作人员临时完成，严重制约着讲座业务的发展。在上述有专职人员负责讲座业务的 73 家图书馆中，共有从事讲座的人员 200 人。其中具有本科及本科以上学历者占 55.5%，本科以下学历者占 44.5%。从总体上看，公共图书馆讲座业务尚存在工作人员素质参差不齐的情况，专业队伍建设与讲座业务发展的需要还有较大差距。

讲座的发展和制约因素并存，这使得讲座资源的共建共享成为公共图书馆界的共识。在接受调查的图书馆中，86.8% 的图书馆希望在公共图书馆中广泛开展讲座资源的共建共享，包括整合与分享专家资源、选题资源、课件资源等，以此帮助各馆拓宽信息渠道，方便工作人员了解各馆业务发展动向。

巡讲是共享专家资源、选题资源的重要方式。在接受调查的图书馆中，85.7% 的图书馆希望举办巡讲活动。巡讲活动既可以在更大范围内推广有一定地区影响力的讲座，同时又能够带动欠发达地区图书馆讲座业务的发展，形成公共图书馆讲座业务良性互动、携手共进的格局。巡讲活动还有利于发挥集约优势，共享巡讲成果，拓展讲座的辐射力和影响力，并为打造公共图书馆共有的讲座品牌奠定基础。

目前情况下，部分开展讲座业务的图书馆尚不具备开发相关衍生品的条件和能力，在接受调查的图书馆中，有 73.6%

的图书馆希望联合开发并共享讲座衍生品。讲座成果的整理和开发能够使讲座突破时空的限制，产生广泛、持久、深远的影响，因此被视为树立与推广讲座品牌的重要途径。然而，同一类型的讲座选题，其文字、视频等后期产品往往分散在各主办单位，难以系统性地整理和开发。这就需要各馆联手，整合相关讲座资源，共同进行开发，共享开发成果。

人才匮乏、专业化水平较低是制约公共图书馆讲座发展的关键因素。在接受调查的图书馆中，78%的图书馆希望定期或不定期举办培训班、研讨会、经验交流会，61.5%的图书馆希望通过各馆互派交流馆员来提高本馆的讲座业务水平。若要实现讲座业务的长足发展，必须加强讲座专业人才培养和专职岗位培训，提高专业队伍的整体素质，提升工作人员在讲座设计与策划、宣传与推广、过程组织与管理以及成果整理与开发等方面的能力，实现图书馆讲座业务的标准化与专业化。

公共图书馆对于实现资源共建共享的共识和愿望最终推动了全国公共图书馆讲座联盟的诞生。

# 第四章 知行合一的立体化阅读：阅读之旅

2011年4月23日，在第16个"世界读书日"到来之际，国家图书馆正式推出了"阅读之旅"项目。在当天举办的"阅读之旅·北京中轴线"活动中，朱祖希先生带领近30位读者，从国家图书馆出发，沿着永定门到鼓楼7.8公里的"北京中轴线"，探寻中国传统文化的深刻内涵，体味古都北京的无穷魅力。

参与活动的读者大多是在3月27日的"北京中轴线的形成及其历史文化渊源"讲座上招募的，因此大家已经在讲座中做了知识准备。他们的年龄小至两岁的小朋友、大至78岁的爷爷，中间20岁、30岁、40岁、50岁、60岁各个年龄段的人都有。朱祖希先生一路为大家深入讲解了关于永定门、天坛、正阳门、故宫、景山、钟鼓楼的历史文化知识，并登上鼓楼城楼遥望7.8公里的中轴线，眺望美丽春色中的北京。行程结束后又举办了国家图书馆另一个阅读推广品牌"文津

## 第四章 知行合一的立体化阅读：阅读之旅

读书沙龙"活动，读者们在鼓楼附近的咖啡馆交流一天的心得，"读者高度肯定了书斋内的潜心阅读与实际考察研究相结合的读书方法"[1]。朱祖希先生回答了大家的提问，并做了总结发言。中国国际广播电台的记者全程报道了本次活动，并描述说："看得出来，国家图书馆的读者也是藏龙卧虎、气象万千，这三位可爱的老头儿，学理工科，每一个都活泼开朗，语出惊人，是三本厚书也；两位来自不同外企的年轻人，一男一女，都对寺庙文化极有兴趣，观点和见解之专业令人钦佩；甚至有来京照看孙儿的文艺女外婆，为我们勇敢提出一些最基础的问题；相信很多听众朋友也能感受到，他们的观点给了我们每一个人不一样的思考角度；当然，国图小分队也非常精干，他们来自名牌大学的各类专业，知书达礼，目光里有纯净的东西，所以做的事情实在又温暖。"[2]

同年6月11日"文化遗产日"，北京中轴线申遗文物工程启动，目标是将故宫、天坛、永定门一线古建筑群以"轴线"形式整体收入《世界文化遗产名录》。2012年11月，国家文

---

[1] 朱祖希：《乐做国图"编外"员工》，《光明日报》，2012年12月12日。
[2] 《北京中轴线阅读之旅》，华语广播网，2011年6月2日，http://news.cri.cn/gb/1321/2011/06/02/5453s3267163.htm。

物局正式将北京中轴线列入《中国世界文化遗产申遗预备名单》。

## "阅读之旅"与游学

关于"阅读之旅",有人理解为阅读的过程,有人用来比喻在图书馆参观文献展览,也有人以此形容人类阅读的发展历史。作为2010年科技周活动之一,国家图书馆和中国图书馆学会联合主办的"从青灯黄卷到数字网络——中国阅读之旅"交互式体验活动,便是以中国阅读史的发展变化为主干,重点凸显技术的变革与人类阅读变化的关系,带领参观者穿越时空,体验从远古到现在及可预见的未来中国人阅读方式的转变。

而2011年国家图书馆推出的"阅读之旅"则与上述几种理解都不同,它基于广义的"阅读"和"大文化""大教育"的理念,倡行著名教育学家叶圣陶先生所说的"天地阅览室,万物皆书卷"[1],通过阅读与游览相结合的学习教育方式,引领读者从读懂文字到读懂世界,是国家图书馆为促进全民阅

---

[1] 叶圣陶:《好读书而求甚解:叶圣陶谈阅读》,开明出版社,2017年,第201页。

## 第四章 知行合一的立体化阅读：阅读之旅

读而推出的一项新的服务举措。这里的"阅读之旅"实际上是指图书馆组织的游学，或称研学旅行，是将阅读和旅行、理论学习和社会实践相结合的、促进深度阅读的体验式阅读推广形式。

游学，即"读万卷书，行万里路"的过程，它是一种教育方式，也是一种阅读方式。游学既不是单纯的旅游，也不是纯粹的留学，它的内容贯穿了学习、观摩、交流和游览，介于游与学之间，同时又融合了游与学。它将游学者置于一种主动探究、解决问题的学习状态，实现知识的拓展和补充，引领游学者体验生活，增长见识，发展能力。如第五届文津图书奖推荐图书《亲爱的安德烈》中所言："上一百堂美学的课，不如让孩子自己在大自然里行走一天；教一百个钟点的建筑设计，不如让学生去触摸几个古老的城市；讲一百次文学写作的技巧，不如让写作者在市场里头弄脏自己的裤脚。玩，可以说是天地之间学问的根本。"[1] 生活教育理论是陶行知教育思想的主线和重要基石，他认为："从生活与教育的关系上说，是生活决定教育。从效力上说，教育要通过生活才能发

---

[1] 龙应台、安德烈：《亲爱的安德烈》，人民文学出版社，2008年，第42页。

出力量而成为真正的教育。"①

## 中国古人的游学

中国古人游学，或传道授业，或拜师求学，或追求仕途，或避世退隐，或修身养德，或纵情山水。不管为何出发，"求知"总是主要目的，"在游中学，在学中游"是游学的主旨所在。喜欢远游的读书人被称为"游士"，很多名人都有"游学"的经历，看遍千山万水之后，便有了视万事如鸿毛的气度与眼界。所谓"游学于汾晋间，习天文及算历之术"②讲的就是以游求学。

关于游学的文献记载很多。《史记·秦始皇本纪》："异时诸侯并争，厚招游学。"③《汉书·史丹传》："哀王者，帝之少弟，与太子游学相长大。"④《后汉书·逸民传·严光》：

---

① 陶行知：《陶行知全集》（第四卷），四川教育出版社，1991年，第358页。
② [唐] 令狐德棻等撰：《周书》（卷四十五），《钦定四库全书荟要》（卷四千六百三十九），吉林出版集团，2006年，第9页。
③ [汉] 司马迁撰，[南朝宋] 裴骃集解，[唐] 司马贞索隐，[唐] 张守节正义：《史记》（一），中华书局，2014年，第254—255页。
④ [汉] 班固撰，[唐] 颜师古注：《汉书》（十），中华书局，2014年，第3376页。

## 第四章 知行合一的立体化阅读：阅读之旅

"少有高名，与光武同游学。"①《史记·春申君列传》："游学博闻，事楚顷襄王。"②民国章炳麟《秦献记》："斯以诸侯并争，厚招游学为祸始。"③鲁迅《写在〈劳动问题〉之前》："我虽然不知道劳动问题，但译者在游学中尚且为民众尽力的努力与诚意，我是觉得的。"④

游学具体开始于何时，虽无确切年代可考，但可以明确的是春秋时期游学已经形成风气。春秋末年，天子失官，学在四夷。官学颓废则觅于私学，礼失则求诸野。于是知识传播于社会各个阶层，而四地之学者亦竞相收徒讲学、成家立说。社会上一片百家争鸣的学术繁荣景象，呈现出典型的"学在民间"的特征，出现了以孔子的"比德游"和庄子的"逍遥游"等为代表的儒道游学观。其中随孔子出游的士子尤为众多，"孔子以诗书礼乐教，弟子盖三千焉，身通六艺者七十有二人"⑤，

---

① ［南朝宋］范晔撰，［唐］李贤等注：《后汉书》（十），中华书局，2014年，第2763页。
② ［汉］司马迁撰，［南朝宋］裴骃集解，［唐］司马贞索隐，［唐］张守节正义：《史记》（七），中华书局，2014年，第2387页。
③ 北京师范大学中文系章太炎著作译注小组：《章太炎〈秦政记〉〈秦献记〉评注》，人民出版社，1974年，第19页。
④ 鲁迅：《而已集》，译林出版社，2018年，第21页。
⑤ ［汉］司马迁撰，［南朝宋］裴骃集解，［唐］司马贞索隐，［唐］张守节正义：《史记》（六），中华书局，2014年，第2347页。

这些士子来自卫、吴、陈、齐、宋、楚、鲁、晋、秦等国。孔子周游各诸侯国长达14年之久，足迹遍及卫、陈、鲁、宋、郑、蔡、楚诸国。现在我们还可以通过《孔子圣迹图》了解到孔子一生的行迹。今天很多地方都有孔子遗迹，正是这个原因。而墨子、庄子、孙子、孟子、荀子、韩非子等也都是著名的"游士"。及至战国，诸侯并争，厚招游学，"纳贤养士"成为上层社会竞相标榜的一种时髦风气，游学成为士阶层追求学识的教育方式之一。稷下学宫为当时百家争鸣开创了良好的社会环境，促进了先秦时期学术文化的繁荣。学生可以自由来稷下寻师求学，老师可以在稷下招生讲学，学与教双方都享有充分的自由。扁鹊等名医带徒行医，遍游四方，送医治病，采药集方，总结各地的医疗经验，也是那时的游学案例之一。

秦始皇焚书坑儒，禁止私学，但禁而未绝。汉朝初建时期，官学待兴，求学者无处就学，纷纷拜于晁错、申公、董仲舒等私学大家门下。汉武帝时期兴建太学，元帝以后无数求学者慕名前来游学。司马迁20岁时开始远游各地名山大川，从当时的京城长安出发，出武关（今陕西商县东），经南阳，在南郡（今湖北荆州）渡江，抵达长沙，来到屈原自尽的汨罗江江边，凭吊诗人……历时数年，把大半个中国都"游"了。

## 第四章　知行合一的立体化阅读：阅读之旅

《后汉书·樊宏传》中还出现了关于外邦学生前来游学的最早记载："博士议郎，一人开门，徒众百数。化自圣躬，流及蛮荒，匈奴遣伊秩訾王大车且渠来入就学。"①

魏晋南北朝时期，私学继续发展，加上受战乱、儒佛玄交融以及自然审美能力提高等因素的影响，也促进了魏晋南北朝游学的发展，其形式主要包游士、游道、游僧等。这一时期佛教在中国有了长足的发展，洛阳、长安成为译经重镇及佛教传播中心。僧人的游学之风很盛，朱士行、法显是西行求法的著名人物。东晋的葛洪继承并改造了早期道教的神仙理论，吸引了门阀士族畅游名山，寻药炼丹，加入到宗教布道之游的队伍当中。除此之外，这一时期的科学家贾思勰、郦道元通过游学分别著就了《齐民要术》和《水经注》两部古代科技地理著作。

隋文帝早期重视教育，游学再次掀起热潮，但其晚年废学导致官学之游遭遇重大挫折。"炀帝即位，复开庠序，国子郡县之学，盛于开皇之初。征辟儒生，远近毕至……"②，隋

---

① [南朝宋]范晔撰，[唐]李贤等注：《后汉书》（四），中华书局，2014年，第1126页。
② [唐]魏徵等撰：《隋书》（六），中华书局，2011年，第1707页。

炀帝时官学之游被推向了一个新的高度。隋末大儒王通，聚徒讲学，培育了房玄龄、杜如晦、李靖、魏徵等唐初名臣。

唐承隋制，实行崇圣尊儒的文教政策。由礼部负责制定相应的教育政令、措施和规划并贯彻实施，国子监则根据礼部颁行的政令法规管理六学。贞观年间，唐太宗致力复兴文教，数次亲临国子监，释奠讲论，并增盖学舍1200余间。官学的兴盛极大地激发了国内外求学者游学的热情，教师云游传道授业，学生漂泊拜师求学。"四夷若高丽、百济、新罗、高昌、吐蕃，相继遣子弟入学，遂至八千余人。"[1]李白等人还出席盛宴，以结交达官贵族，这种形式被称为"宴会之游"。

宋代的官学之游和私学之游都已发展到鼎盛时期。"苏湖教法"的创制者胡瑗以游历法将书本知识与社会实践相结合，开创了一种行之有效的教学方法。他认为，"学者只守一乡，则滞于一曲，隘陋卑陋。必游四方，尽见日情物态，南北风俗，山川气象，以广其闻见，则为有益于学者"[2]。因此，他经常组织学生到全国各地游览名山大川，希望通过游历法培

---

[1][宋]欧阳修、宋祁撰：《新唐书》，中华书局，2011年，第315页。
[2]《安定言行录》，《丛书集成续编》（第36册），上海书店出版社，1994年，第755页。

## 第四章 知行合一的立体化阅读：阅读之旅

养出一批真正的学者。胡瑗的教育思想引起了宋王朝的重视。1044年朝廷令各州县兴学，并在京城创建太学，派专员去湖州"取先生之法，以为太学法"[①]。1052年，胡瑗被调进京师担任光禄寺丞、国子监直讲，并主持太学，游学自此被正式纳入了官学的教学方法之中。北宋初期出现了白鹿洞、岳麓、应天府等著名书院，慕名前来游学者络绎不绝。南宋书院教育更加繁荣兴盛，游学风气也因此更加浓厚。

元代时游学缺乏生机，但也有西北、东北、西南等地区的一些少数民族来到中原游学。

明清时期，官学兴盛，刺激了官学之游的发展。同时，书院教育兴旺发达，讲会、会讲的教学方式，既吸引了四方游学者，也吸引了各地的名师，二者的流动性均得到加强。从明初到明末民变之前，士林游风普及兴盛，士大夫和读书人乐游于山水自然、佛寺道观和园林古迹等。明人在前人研究的基础上把游学分为官游、士游、高游、穷游、老游等二十三类，并概括总结出每类游学的优缺点。傅山认为文人的游学就应该向行脚僧人学习："读书人亦当如行脚阇黎，瓶钵团杖，寻

---

① 《安定言行录》，《丛书集成续编》（第36册），上海书店出版社，1994年，第751页。

山问水，既坚筋骨，亦畅心眼。"[1]

清末，政府为提高官员素质大力鼓励出洋游历游学，经中外合力推动，在五大臣出洋与翰林、进士游历游学的刺激下掀起高潮。张之洞在《劝学篇》中大力倡导游学，认为游学可以"明时势，长志气，扩见闻，增才智"[2]，并在《劝学篇·外篇》中专门以《游学》一篇来论述。在《遵旨筹议变通政治人才为先折》中，张之洞提出："中国不贫于财，而贫于人才"，而"人才之贫，由于见闻不广，学业不实"[3]。除官员游学之外，清末还有其他人群的游学，包括出洋谋生者兼顾游学、教会学校的学生获得资助出国游学、受迫害的爱国志士游学海外参加革命等。在此期间，赴国外游学发展出留学这一学习教育方式，而游学也依然存在并且呈现出一些新的面貌。

## 关于游学的误解

近年来，游学之风重新兴起，但大众对游学却有不少误解。

其一，游学的历史悠久，是我国优秀传统文化的一部分。

---

[1] [清]傅山：《霜红龛集》，山西人民出版社，1985年，第690页。
[2] 吴剑杰：《中国近代思想家文库：张之洞卷》，中国人民大学出版社，2014年，第283页。
[3] 同上书，第346页。

但游学作为当下的时尚潮流，常常被误解为是由国外引进的现代理念。曾有媒体称："游学，又叫'修学旅游'，最早起源于英国，距今已有100多年历史。"[1] 实际上，中国的游学可以追溯到2000多年前，在历史上为培养人才、平衡教育资源、加强地区间及国家间的教育交流与合作发挥了重要作用。而国外有文献记载的游学也远不止100年，它是世界各国、各民族文明中，最为传统的一种学习教育方式。例如，《圣经》中记载东方五学士祝贺耶稣基督诞生的故事、意大利旅行家马可·波罗在中国的游历，都是游学的典型案例。

其二，无论古人还是今人，都将求知作为游学的目的。但在古人看来，游学是远游异地，从师求学。而现在的游学则将重点放在增长见识上，以"游"带"学"。现在的游学未必要远游异地，既可以在外地甚至外国游学，也可以在本地游学。旅游可以本地游，学习可以本地学，游学为何不可在本地呢？如今一些游学机构言必谈出国游学，导致很多人以为游学与出国之间存在必然联系。这种误导或许与经济利益有关。

---

[1] 赵玥：《豪华暑假 万里游学学到什么》，《中国青年报》，2005年8月3日。

其三，游学与留学不同，但二者又存在联系。从主体来看，游学者可以是学生，也可以是其他人群，没有年龄、身份的限制，是一种终身教育、终身学习的方式，而留学者通常为学生，或至少在留学期间具有学生身份。从性质来看，游学有时是社会教育，有时则作为学校教育的一部分，而留学是一种学校教育。从地域来看，游学可以在国外也可以在国内，而留学则需留居国外。从时间来看，游学没有固定的时间长度，根据实际情况可长可短，而留学则有学制限制，须达到一定要求。从方式来看，游学要求有游有学、边游边学，重在体验，而留学则重在学习，并不强调必须游观。可以说，留学是由游学发展而来的，是对游学这种学习教育方式的发展。古人的游学教育为后来的留学教育做了铺垫，而今人的游学也有可能是为后续留学做准备。

## 游学在当代的价值

"纸上得来终觉浅，绝知此事要躬行。"虽然互联网技术和多媒体技术的发展给人类的学习教育带来了变革，但仍然不能替代亲身体验。在当代，游学仍然具有独特的价值。

其一，通过游学可以亲身体验文化的特性与共性，培养

## 第四章 知行合一的立体化阅读：阅读之旅

全球化思维。游学的直接效果在于了解不同文化的特性，建立多元文化彼此平等、彼此尊重的价值观。与此同时，游学还能够使人体会不同文化间存在的共性，进而促进多元文化间的交流与融合。文化的多元化与全球化并不矛盾，是差异与融合的动态过程，也是互相尊重与互相学习的动态过程。刘梦溪先生曾在中美文化论坛最后一次圆桌会议上发言时引用钱锺书先生的名言"东海西海，心理攸同；南学北学，道术未裂"①，来论述文化的异同问题，并专门做了阐述："各个国家民族的不同人群，大家的心理结构和心理指向，常常是相同或者相通的。"② 游学作为一种跨文化的交往，可以帮助人"反观自身文化，认同和协商文化身份，担负起多元化社会共同体的建构的责任"③。

其二，通过游学可以开阔眼界，加深对自然和社会的认识。应试教育的弊端显而易见，影响到人的全面发展乃至国家和民族的前途命运。走出书斋和教室，接触大自然，观察社会，可以直接获得书本和学校教育无法完整提供的知识。教育部

---

① 钱锺书：《谈艺录》，商务印书馆，2016年，第3页。
② 刘梦溪：《学术与传统》，北京时代华文书局，2017年，第1230页。
③ 毛海燕、由沙丘、金辉：《小学生"国外游学"活动反思与重建》，《黑龙江教育学院学报》，2015年12月。

等 11 部门联合印发的《关于推进中小学生研学旅行的意见》在"实践性原则"中专门指出:"研学旅行要因地制宜,呈现地域特色,引导学生走出校园,在与日常生活不同的环境中拓展视野、丰富知识、了解社会、亲近自然、参与体验。"[1]

其三,通过游学可以淡化功利思维,提升境界。王安忆教授在复旦大学研究生毕业典礼上致辞时讲道:"在效率至上的社会里,过程被轻视成为一种累赘。"[2] 当今人们热衷于参加游学虽然有其既定目标,但相对而言功利性较弱。游学作为学习教育与旅行游览的结合,具有一定的休闲功能,较少有人要求游学"不达目的不罢休",这有利于平衡当今社会"有用"逻辑和应试教育所带来的负面作用。

其四,游学为提高人的审美能力提供了可能性。追究国人审美匮乏的原因,一方面源于忙碌的物质时代的实用至上主义,人们很难腾出或更多是不愿腾出一点闲暇时间去感知世界;另一方面则与学校缺少美育有关,即使有美育课也多

---

[1]《教育部等 11 部门关于推进中小学生研学旅行的意见》,中国政府网,2016 年 12 月 19 日,http://www.gov.cn/xinwen/2016-12/19/content_5149947.htm。
[2]《"无用的"价值》,《北京日报》,2012 年 9 月 6 日,http://news.ifeng.com/gundong/detail_2012_09/06/17378706_0.shtml。

## 第四章　知行合一的立体化阅读：阅读之旅

是照本宣科，缺乏发自内心的引导。游学使人跳脱出忙碌和应试，自然而然地受到美的熏陶。无论城市还是乡村，无论国家公园还是博物馆，人们用自己的视觉、听觉、嗅觉去感知美，在不知不觉中陶冶了情操，提高了审美能力。

其五，通过游学可以发现、培养兴趣和专长。周国平先生在《如何在无趣的时代生活得有趣》中说："我朝四周看，看见人人都在忙碌，脸上挂着疲惫、贪婪或无奈，眼中没有兴趣的光芒。……孩子们却满脸沧桑，从早到黑被关在校内外的教室里做无穷的功课。"[1] 在日常工作和学校教育中人们往往被动接受信息，疲于应对任务，而在游学的过程中人们可以接触到很多新的兴趣点和知识点，有利于重新认识自己的潜能所在。"学不至于乐，不可谓之学。"[2] 把学习当作兴趣，在学习中得到快乐，游学的魅力正在于此。

其六，单就出国游学而言，很多人的直接目的是提高外语水平或为留学做准备。事实上语言是文化的组成部分，语言作为文化的载体和传播媒介，是文化的外在表现形式。交

---

[1] 周国平：《如何在无趣的时代生活得有趣》，周国平微信公众号，2015年7月31日。
[2] ［明］黄宗羲：《宋元学案》，中国书店，1990年，第185页。

际能力并不完全依赖于外语水平，关键在于表达自身文化的能力和理解对方文化的能力。出国游学有助于提高外语水平，但更重要的是有助于提高跨文化交际的能力。

## 当代游学的困境

当今，游学常常被作为一种旅游商品、一项产业，与经济利益挂钩，这也造成了游学的诸多困境。

其一，走马观花。为了令参加者觉得物有所值、物超所值，机构通常给游学项目设计看起来尽可能丰富的行程和内容，但实际上在很短的游学时间内，领队以完成行程为主要任务，参与者很难深入了解当地的文化，只能留存一个大概的印象。这种印象对参与者来说究竟能有多大作用，很难评价，也较少有人在意，因此学习效果难以保障。接待中国游学团队的工作人员在接受《中国经济周刊》采访时表示："每个团队的要求都不一样，根据价格不同，我每次都要量身定做不同的'中加少年国际交流行程单'，短短15天，要从温哥华到渥太华，再赶赴蒙特利尔，参观4所大学、8处景点，安排到当地家庭住宿一晚，还要留出一天的时间供孩子们血拼（购物），不经过精心设计根本不行！"①

其二，游而不学。有些游学项目虽名曰"游学"，却明显以游玩为主，与旅游项目无异。或毫无教学内容，或生硬地略作点缀，既无明确的教学目的，也无专业教学人员，可谓"游而不学"。特别是针对中小学生的寒暑假游学项目，若无家长同行更难保证教学内容和教学效果。

其三，团队游学的局限。机构组织的游学在一定程度上要求参与者在游学期间过集体生活，成员们喜欢"抱团儿""扎堆儿"是常见现象。特别是在赴国外游学时，这会导致原本就不多的与当地人交往、了解当地状况的机会更加减少，练习外语、增长知识的目标皆打折扣。

其四，安全问题。2013年7月6日，韩亚航空公司一架客机在美国旧金山失事，两名参加赴美夏令营的中国女生不幸蒙难。据报道，失事客机上共有70名中国师生，都是赴美的学生夏令营成员。人们在为两名遇难女生悲戚的同时，也再次将目光投向了国内的游学市场②。游学与旅行一样存在安

---

① 侯隽、刘杨、王璐：《暴利的海外游学生意：赴美加游学市场规模达百亿》，《中国经济周刊》，2013年7月22日。
②《暑期游学拒绝"人在囧途"》，人民网，2013年7月9日，http://opinion.people.com.cn/n/2013/0709/c1003-22123767.html。

全风险,这是参与者要考虑的首要问题。

其五,种类繁杂,价格虚高。2017年暑假期间,一篇名为《月薪三万,还是撑不起孩子的一个暑假》的帖子刷爆网络,引起许多家长的共鸣。其实早在2013年就有媒体报道:"游学已经成为近年来加拿大一些旅行社的主打项目,按照人均3万元人民币的团费计算,每年来自中国大陆的夏令营和游学团已超过10万人。据估算,仅中国赴美加游学的市场规模就能达到人民币上百亿元。"[1] "据统计,2015年,中国海外游学人数约达50万人次,市场规模达到120亿元;2016年国际游学人数为65万人次,预计到2020年我国游学行业的市场规模将达到1200亿元。"[2] 游学日益产业化,却没有实现规范化。2012年教育部、外交部、公安部、国家旅游局联合发布《关于进一步加强对中小学生出国参加夏(冬)令营等有关活动管理的通知》,要求不得以营利为目的组织出国夏(冬)令营等有关活动。2014年7月教育部发布《中小学学生赴境

---

[1] 侯隽、刘杨、王璐:《暴利的海外游学生意:赴美加游学市场规模达百亿》,《中国经济周刊》,2013年7月22日。
[2]《"游学"乱象:种类繁杂风险难规避 家长消费需理性》,新华网,2017年10月29日,http://www.xinhuanet.com/2017-10/29/c_1121871328.htm。

外研学旅行活动指南（试行）》，首次以正式文件的形式对海外游学市场加以规范。2016年12月教育部等11部门联合印发的《关于推进中小学生研学旅行的意见》出台，对游学做出了更为全面的规范。2017年8月，教育部官网发布了《游学六大注意事项》，提示家长安排中小学生参与游学要选择合适的游学机构、了解旅行社资质、仔细审查合同、留意目的国法规、注意理性消费并尊重孩子意愿。事实上，游学不仅是孩子们假期生活的新方式，当下针对不同成年人群推出的个性化定制游学项目也越来越多，令人眼花缭乱。其中不乏价格不菲而内容敷衍者，同样需要避免被宣传所蒙蔽，应量力而行，切勿盲目跟风或攀比。

## 图书馆开展游学的优势与难点

据媒体报道，目前游学市场上合法运行的形式主要包括四大类型：第一种是国内学校与国外合作学校直接对接的游学类型，占整个游学市场份额的60%—70%；第二种是中介机构及教育培训机构的假期游学项目，占游学市场份额的20%；第三种是旅行社组织的游学，占比接近15%；第四种是网络平台提供的游学产品。每种游学产品各有优势，也各有自身的短板[1]。

与以上四种类型的游学方式相比，图书馆开展游学活动具有以下优势：

优势一："以人为本"是图书馆和游学天然一致的理念。游学与其他学习教育方式的重要不同就在于尊重人的自主学习、个性发展和创新精神，有利于学生的身心健康。游学导师结合参与者的兴趣、爱好施教，摒弃"填鸭"式的教学方法，也是游学"以人为本"理念的体现。联合国教科文组织《公共图书馆宣言》奠定了图书馆"以人为本"的理念基础。中国图书馆学会《图书馆服务宣言》提出："中国图书馆人经过不懈地追求与努力，逐步确立了对社会普遍开放、平等服务、以人为本的基本原则"，并将"图书馆在服务与管理中体现人文关怀"作为目标之一[2]。图书馆在阅读推广服务中同样秉承"以人为本"的理念，不受应试教育干扰，关注人的全面发展。

优势二：图书馆阅读推广服务的公益性可以解除商业利益对游学的绑架。商业利益造成的游学乱象给游学者带来困

---

[1] 《"游学"乱象：种类繁杂风险难规避 家长消费需理性》，新华网，2017年10月29日，http://www.xinhuanet.com/2017-10/29/c_1121871328.htm。
[2] 参见中国图书馆学会:《图书馆服务宣言(2018)》,《中国图书馆学报》，2008年第6期。

扰，也给社会带来信任危机，甚至学校教师也因存在"拉生源吃回扣"等"潜规则"而备受诟病[1]。而作为公益性文化事业机构，图书馆自身的性质使其免受商业利益影响，其社会公信力也使游学者免受困扰。

优势三：图书馆作为开放的知识与信息中心，致力于公民的社会教育、终身教育，它的服务并不限定在部分人群，而是为全体公民服务。这使其可以针对不同人群开展游学项目，甚至可以同时满足不同人群的游学需要。例如前述"阅读之旅·北京中轴线"活动的参与者，低至两岁、长至78岁，中间20岁、30岁、40岁、50岁、60岁各个年龄段的人皆有。

优势四：图书馆通过开展讲座等阅读推广项目积累了大量优质专家资源，为游学质量提供了智力保障。"从游"是古人游学的一种重要形式。学生"负笈追师"，追随德高望重的老师游学，通过与老师的朝夕相处学习知识、提高修养。学生自主、自由地选择老师，因发自内心的尊重和喜爱而"从游"，这给现代教育以重要启示。当今游学质量受到质疑的重要原因之一是游学导师的水平良莠不齐，很多主办机构并

---

[1] 参见《"游学"乱象：种类繁杂风险难规避 家长消费需理性》，新华网，2017年10月29日，http://www.xinhuanet.com/2017-10/29/c_1121871328.htm。

不具备相应的专家资源。而图书馆通过讲座等阅读推广项目网罗了各学科的专家，对学界的了解较为深入，在此方面的优势堪比高校。

优势五：图书馆基于自身的文献信息资源，在游学项目的策划方面具有独特优势。文献信息资源为图书馆开展阅读推广服务准备了知识条件，特别是馆藏地方文献有助于发掘游学所需的独特自然、文化资源，这是其他机构无可比拟的。

优势六：全国公共图书馆讲座联盟为图书馆开展游学搭建了覆盖全国的网络。全国公共图书馆讲座联盟自创立时起就没有将自身局限于讲座业务范围内，它还为展览、图书漂流、文津图书奖等许多阅读推广项目在整个业界的合作、协调、组织提供了支撑。图书馆可以借助这一优势联合开展游学项目，一方面各秉所长，策划具有地方特色的游学项目，通过联盟将所在地打造成为其他馆的游学目的地；另一方面在联盟的组织下各地图书馆可以互相宣传游学项目，招募本地的参与者并输送至各地。

优势七：文化和旅游部的组建"从国家顶层设计上将'读万卷书'和'行万里路'有机融合"，被网民们称为"诗和远方终于走在了一起"①。文化的价值性优势与旅游的综合性优势、产业性优势相得益彰,旅游获得了文化新引擎,而文化则登上了转型升级的新舞台。在政策支持下,作为文化事业单位的图书馆开展游学项目也获得了合理性。

图书馆要开展游学活动如上所述有很多优势,但同样不可忽视的是也面临一些难点。

难点一:和许多游学主办机构一样,图书馆目前尚不具备旅行服务资质,需要以旅行社承办的方式组织游学。这虽然可以发挥旅行社在旅行组织方面的专业优势,但也会增加服务成本,并使得图书馆对服务质量、效果及后续环节难以掌控。只有图书馆与旅行社明确责任分工,才能确保图书馆在游学项目中的权利。

难点二:作为社会公信力较强的公共文化服务单位,图书馆较难承受安全风险带来的社会压力。在建立安全保障机制、明确安全保障责任、落实安全保障措施的前提下,还需要图书馆转变服务理念和思路,重新认识图书馆阅读推广与

---

① 参见《读万卷书 行万里路 推进文旅融合发展——李金早详解机构改革"文旅情怀"》,新华网,2018年4月20日,http://www.xinhuanet.com/travel/2018-04/20/c_1122716596.htm。

游学之间的关系。

难点三：虽然图书馆具备诸多开展游学项目的优势条件，但若要通过游学促进阅读推广，深度发掘游学的精神价值，打造体验式阅读品牌，还需要加强专业人才的培养，提高馆员走出图书馆从事阅读推广的能力。

# 第五章 "水土不服"的舶来品：
# 图书漂流

2011年11月28日，《营国匠意——古都北京的规划建设及其文化渊源》出现在北京地铁4号线国家图书馆站举办的图书漂流活动中。该活动是"国家图书馆文津读书沙龙"与北京京港地铁有限公司联合举办的，活动以"同享阅读快乐"为主题，倡导读者和乘客通过"图书漂流"共同享受阅读的快乐。京港地铁出资购买了文津图书奖获奖图书，在活动现场国家图书馆和京港地铁的工作人员放漂这些书，许多读者、乘客前来领取。活动现场设立了电子触屏，供读者和乘客阅读文津图书奖获奖图书的部分内容，同时还开展了与读书有关的趣味游戏，参与者兴致盎然。但由于当时的场地和技术条件所限，活动并没有设立相关漂流方法，也没有指望图书回漂，实际上相当于向读者和乘客赠送图书。虽然这是一次不完整的"图书漂流"，但在一定程度上传递了倡导阅读的理念，并为后来"M地铁·图书馆"项目的推出做了铺垫。

## 国外的图书漂流

图书漂流起源于20世纪60年代的欧洲，是一种与他人共享阅读的方式。与图书馆借阅服务不同，图书漂流不需要借书证，不用付押金，也没有借阅期限，书友在自己的书上贴上表示"漂流"的特定标签，然后投放到公园、咖啡馆等公共场所，或者直接捐给慈善机构、送给他人。拾取的人阅读后按标签提示，再把该书投放到公共环境中去，任其与下一位读者相遇。简而言之，图书漂流就是将书籍放于公共场所供人传阅并鼓励人们以相同方式共享书籍的行为。

几十年来图书漂流之所以在国外长盛不衰，是因为这是一种极具吸引力的阅读推广方式。第一，图书漂流是一种分享。根据马斯洛需求层次理论，每个人都有"生理、安全、爱和归属、尊重、自我实现"五种层次的需求，并且人们只有对低层次的需求得到满足后，才会追求更高一层级的需求。而分享就是人在得到"生理"和"安全"这两种层次需求的满足后，进而追求更高层次的精神需求时所表现出来的一种行为。通过图书漂流与他人乃至陌生人分享阅读，这是一种以利他为动机的分享，是出于自觉自愿的一种亲社会行为。这种分享行为是由人性和人的需求决定的，分享者和被分享者都可以从分享中感受到愉悦。

第二，图书漂流的魅力在于其具有很强的随机性与不确定性。与熟悉的人分享可以获得愉悦，与陌生人分享更可得到别样的愉悦。就仿佛人们在海边捡到漂流瓶，这件事本身就带着某种神秘、浪漫的气质。作为个体的人是极其渺小的，人生在世仿佛在暗夜长河里漂泊，这与漂流中的书是多么相似。人们在把书放漂的那一刻，心中充满了对未知的好奇、憧憬和寄托：好奇会有什么样的人读到这本书，憧憬那个人同样从这本书中获益，寄托那个人也许会因为喜爱这本书而与自己产生精神世界的交集、成为不曾谋面的知音。或许自己永远不会知道这本书的下落，但是总有一份期待存于心间。这就为图书漂流这件看似平凡普通的事情标定了背后的精神内涵，这正是图书漂流的魅力所在。

2001年4月，美国人罗恩·霍恩贝克（Ron Hornbaker）创办了世界上第一个完全免费的公益性图书漂流网站"bookcrossing"（http://bookcrossing.com），目标是通过书籍来联系人们，"将全世界变成一个图书馆"。该网站通过网络跟踪放漂的图书，记录阅读者的阅读心得，其兴起加速了图书漂流的普及。网站的标志是一本奔跑的书，主页界面友好、操作简单、注册方便，问世后在各地引起强烈反响。起初会员们都是通过口耳相传才知道这个网站的，后来包括美国、英国、加拿大、德国、意大利等国家在内的世界知名媒体都争先恐后对网站做了报道，该网站还被雅虎网站评为2002年全球最酷的25个网站之一。第九届"威比奖"向其颁发了"最佳网上社区类网站"和"最佳社会及网络类网站"两个奖项。至今该网站已拥有近190万名会员，注册漂流图书1200多万册，这些书遍布在132个国家。霍恩贝克本人称该网站为"一个没有国界的读书俱乐部"。

2004年，《简明牛津词典》（*Concise Oxford Dictionary*）收录了"Bookcrossing"一词，该词成为正式的专有名词，随后其他英语词典也陆续收录了它。自2004年开始，"图书漂流"全球年会先后在美国、英国、新西兰、荷兰、爱尔兰、澳大利亚等国召开。2007年新加坡成为世界上首个"图书漂流"国家，政府除了设立专门的活动区外，还在全国设立了2000多个漂流点。

## 图书漂流来到中国

2003年3月，一位名为吴辛勤的中国人将一本莫名所著的《梦美国 美国梦》放漂，地点在深圳地王大厦咖啡店中客人可以免费上网的电脑旁。吴辛勤在书中夹了中英文字条，但拾取者始终没有做出任何反馈。5月，失望的吴辛勤在国内媒体上首次介绍了在西方社会知名度呈爆炸式增长的"书流"网站，并记录了自己在国内首次尝试的失败。

2004年年初，春风文艺出版社精选了当年的三本畅销书，即石钟山的《遍地鬼子》、洪峰的《革命革命啦》、阎连科的《受活》，散发到全国各地，并告知读者阅读后交还到各地经销商处即可。

2005年4月，国家图书馆、中国图书馆学会、湖南卫视等单位在北京隆重启动了"春天漂流书"活动。在国家图书馆文津广场上刻有"中国国家图书馆"的巨型石头和升有旗帜的旗杆，很自然地形成了一艘极具张力的船，上万册夹着鲜花的图书铺放在周围的草坪上，象征着在知识的海洋中国家图书馆像一艘巨轮引领着人们前行。五十六名年轻的学子，身着五十六个民族的服装，缓缓步入草坪，呈螺旋形排列，随后中心的一名少女俯身拾起一本本图书，不断向外圈呈旋涡状传递，其他人也依次阅读、传递，同时有白衣少女在场中抛撒花瓣。活动现场如同一个巨大的行为艺术作品，这也是中国图书馆界第一次举办图书漂流活动。

2005年7月28日至8月8日,在大连星海广场举办的中国国际啤酒节期间,举办了"悦读·大连"大型书展暨"图书漂流"活动。活动期间,在星海广场内设有20个图书漂流台,读者签字后可以免费取阅,阅毕自愿归还。

2005年9月,上海市普陀区图书馆在上海市的9个街道图书馆和社区爱心超市设立永久性漂流书架,利用部分大型超市的人气,让成色新、内容好的图书进行自然漂流。然而,经过一段时间的漂流,主办方喜忧参半,喜的是"漂流书"广受市民欢迎,忧的是漂出的书多、漂回的书少,管理员担心书架上的备书撑不了多久。据普陀区图书馆对漂流图书的跟踪调查,至2006年年初,首次"放漂"的两万余册图书循环率仅为30%,而另七成漂流书或暂时搁浅,或永远销声匿迹。

2006年年初,中国人Laow和Jane去瑞士旅行时在琉森狮子纪念碑前第一次拾到漂流书,受其启发,回国后创立了国内第一个图书漂流网站www.tspl.cn。2008年,一个新型的图书漂流网站www.ibooker.cn应运而生,这个图书漂流网站不仅可以借阅图书,还能分享书评,参与小组讨论,以书会友,堪称一个图书馆社区。但这两个网站现在已经无法打开。

2006年5月,吉林大学图书馆的图书漂流起航,组织者在校园内放漂历史、人文等方面的图书500册。活动历时半年,11月收漂。此次图书漂流的漂回率仅达28%,流失馆藏文献三百余册。

中山大学图书馆、北京林业大学图书馆、南京理工大学图书馆、首都师范大学图书馆分别于2008年5月、2008年9月、2009年5月、2009年6月首次开展图书漂流活动。2009年,南京师范大学图书馆的图书漂流活动放漂了21册"国家图书馆文津图书奖"获奖图书。这些是在我国较早开展图书漂流活动的高校图书馆,为其他高校图书馆举办此类活动提供了借鉴。

2008年,湖北省图书馆开展的图书漂流活动放漂了691册图书,这些书由长江出版集团的多家出版社提供。

2011年11月28日,"国家图书馆文津读书沙龙"与北京京港地铁有限公司在地铁4号线国家图书馆站联合举办"共享阅读快乐"图书漂流特别活动。

2014年,郑州大学图书馆、中国人民大学图书馆、华东理工大学图书馆、天津工业大学图书馆等多家高校图书馆首次开展图书漂流活动。

2014年，黑龙江省图书馆举办的图书漂流活动放漂了文学、科普、医疗及少儿读物700册。除了在本馆设置漂流站外，还在黑龙江省军区部队和哈尔滨市第二十中学设立了放漂点。

2014年5月20日，浙江省台州市图书馆放漂1501册图书，回漂图书仅有32册，回漂率仅为2.13%。

随着"图书漂流"的兴起，多个省市相继启动此类活动，不仅图书馆参与其中，各大出版社、书店以及相关的文化机构也相继发挥自身的优势，支持这一时尚前卫的阅读推广形式，但大多以图书"漂去漂不回"的尴尬结局收场。

## 最近的一次尴尬

2016年，英国明星、电影《哈利·波特》中赫敏的扮演者艾玛·沃特森（Emma Watson）在伦敦发起了"地铁藏书"活动。她将100本《妈妈和我和妈妈》放在地铁的不同位置，并附上自己手写的字条，希望大家利用通勤的时间读会儿书，以此倡导阅读。活动用书《妈妈和我和妈妈》为非裔美国女诗人玛雅·安吉洛的自传，这与艾玛·沃特森的联合国妇女亲善大使身份相符合。艾玛毕业于布朗大学，成绩优异。她长期致力于阅读推广，经常在社交平台上分享自己读的书，并建立了读书俱乐部"Our Shared Shelf"。"地铁藏书"活动就是由"Our Shared Shelf"与 Books on the Underground 联合举办的。

两周后，11月15日上午开始，一篇叫作《我准备了10000本书，丢在北上广地铁和你路过的地方》的帖子开始在微博和微信朋友圈刷屏。几位明星在一些交通工具里丢下贴有活动标志的书籍，并拍下照片，号召更多人参与阅读和分享。

这是国内效仿"地铁藏书"举办的"丢书大作战"活动，然而却显得有些水土不服。虽然前期宣传做得很热闹，但是仅仅半天就"画风突变"，网友提出质疑，新华网、人民网、央广网以及多家报纸等媒体发表文章指出"图书漂流还须适应国情"[①]。媒体和网友的关注点主要在于：第一，北上广地铁早高峰的时候人流量非常大，乘客很难有空间阅读这些纸质图书。第二，书被丢在交通工具座位上而无人捡取，甚至被误以为是占座用的。第三，很多书被保洁阿姨放在垃圾箱旁边或者等待失物招领，还有些书干脆直接进了垃圾箱。第四，公众并不了解参与活动的几位明星是否具有良好的阅读生活

---

① 《图书漂流还须适应国情》，新华网，2016年12月15日，http://www.xinhuanet.com/politics/2016-12/15/c_129404984.htm。

和阅读习惯，因此质疑他们是否适合担任阅读倡导者。第五，还有人质疑这是一场商业机构策划的营销秀。

据统计，2015年，我国成年人人均每天手机阅读时长为62.21分钟，而人均每天读书时间仅为19.69分钟。的确，图书漂流活动若要想在国内取得成功，首先要考虑国情，即地铁高峰时段的拥挤状况、国民阅读习惯等，而不是单纯模仿国外的成功经验。或许乘客捡起这些书、看到上面的明星签名时会有瞬间的新奇感和满足感，又或许会通过朋友圈"晒"一下这件事，但很快北上广地铁里拥挤的人群就会冲淡这一时的兴趣，乘客又会在狭小的空间里重新拿起手机。这也说明只重形式而脱离国情的阅读推广方式只会劳而无功。

## "水土不服"的原因

为什么"图书漂流"在我国屡屡遭遇尴尬？有人认为是经济发展水平不够，但我国已然成为世界第二大经济体，怎能再拿经济水平不够来解释呢？有人认为我国发展很不平衡、地域差异明显，然而即使在发达地区也鲜有"图书漂流"的成功案例，又该如何看待？有人认为方法不完善，但目前实名制、漂流路线定位等技术都已运用到"图书漂流"活动中，

## 第五章 "水土不服"的舶来品：图书漂流

为何依旧"漂去漂不回"？

究竟症结在哪里？恐怕不得不正视这样几个深层次的原因：

其一，先有历史上长期的资源匮乏，后有市场经济大潮的风起云涌，国人竞争意识不断高涨，分享意识极为欠缺，"占有"心态极强。共享单车尚且被以各种手段占为私有、恶意损坏甚至肢解，小小图书又怎能幸免呢！吉林大学田毅鹏教授准确地指出，"图书漂流是一种资源的共享，它为个人的私有资源赋予了公共性的特征，使人们在传递图书的过程中发生互动关系，为丰富现代的公共生活提供了借鉴"[1]。但在缺乏分享意识的社会中，要将个人的私有资源赋予公共性的特征，可谓难上加难。在家庭教育中，家长可能会鼓励孩子分享一些零食和玩具，可一旦涉及稍显重要的利益，又有多少家长会教给孩子谦让呢！有调查分析显示，对于教材类书籍约有72.6%的学生愿意用来参与图书漂流，对于非教材类只有约22.8%的学生愿意用来参漂，而愿意拿出珍藏书籍来

---

[1]《图书漂流：新的方式进入中国人视野》，搜狐网，2006年5月9日，http://news.sohu.com/20060509/n243155107.shtml。

参漂的学生却只有 4.6%[①]。

其二,社会诚信严重缺失。众所周知,中国人自古以来注重诚信。孔子曰:"民无信不立。"[②]李白诗云:"海岳尚可倾,吐诺终不移。"[③]从曾子杀猪教子到商鞅立木树信,从金口玉言到一诺千金、一言九鼎,诚信在中国古代社会的影响及重要性可见一斑。然而,当今社会缺乏诚信的现象恰恰和我们的传统美德背道而驰。人与人之间、团体与团体之间,尔虞我诈、出尔反尔的现象极为普遍。人们追逐名利,唯利是图,抛弃了中国传统文化中的普世价值,抛弃了诚信这一为人准则。上海社会科学院青少年研究所孙抱弘副所长认为:"防范心态也好,占为己有也罢,都暴露了当今一些人'诚信'的缺失。有些人自己不讲诚信,还猜疑别人同样不讲诚信,如此一来,整个社会就会形成一个互不信任的怪圈。"[④]复旦大学出版社社长贺圣遂指出:"这种将漂流图书占为己有的

---

[①] 赵红:《高校图书漂流"断漂"问题与管理模式研究——以天津大学图书馆为例》,《图书馆工作与研究》,2014年第7期。
[②] 杨伯峻译注:《论语译注》,中华书局,2017年,第174页。
[③] [唐]李白著,潘美晨注:《李太白诗集》,北京联合出版公司,2016年,第118页。
[④] 《美丽的"漂流图书"为何"漂"不起来?》,国际在线,2006年3月13日,http://news.cri.cn/gb/9223/2006/03/13/882@943269.htm。

## 第五章 "水土不服"的舶来品：图书漂流

自私行为，轻则是个体对个体的不信任，重则导致个体对整个社会失去信任。"①

其三，一些活动主办方只重形式、不重实效，缺乏以读者为主体的意识，不利于图书漂流持续发展。对此，上海浦东图书馆的郭丽梅曾给出过非常深刻且客观的论断："显然，我们从中可以发现一个共性的问题，就是这些机构主办图书漂流活动都带有某种'功利'的目的，图书馆举办图书漂流活动是希望扩大图书馆的影响，能够为读者提供更好的阅读体验；企业举办图书漂流活动的目的在于扩大企业的知名度，在于营销；地方政府举办图书漂流活动的目的在于政绩，在于辖区文化氛围的营造。而这里面，独不见图书漂流活动的主体——读者或者书友。因此，这些活动是一种从上而下'举办'的活动，而非是一个自下而起的'自发'活动。正因为如此，在国内已经开展了七八年之久的图书漂流活动存在着一个比较大的问题：持续发展能力比较弱。"②

其四，长期的应试教育和课业负担使国人难以养成自觉

---

① 《美丽的"漂流图书"为何"漂"不起来？》，国际在线，2006 年 3 月 13 日，http://news.cri.cn/gb/9223/2006/03/13/882@943269.htm。
② 郭丽梅：《图书漂流可持续发展与自组织管理机制探究——以浦东图书馆"爱心图书漂流"活动为案例》，《图书馆学研究》，2014 年第 1 期。

阅读的习惯。当电视进入千家万户时，立刻成为成年人获取信息和娱乐的主要方式，也成为孩子们学习之外的主要休闲方式。如今智能手机、网络、新媒体技术突飞猛进地发展，它们又迅速填充了人们的生活空隙。而书籍却离人们的生活越来越远，包括"图书漂流"在内的以书为媒介的人际交流显得非常小众。

图书漂流是基于分享精神、道德诚信的阅读活动，不需要借阅证，不需要押金，没有硬性的制度约束，也缺少外在的监督。是否遵守漂流规则完全取决于读者的自觉自愿，顺利有序的漂流依靠人们的社会公德、诚信和共享意识来实现。有人提出图书漂流应该加强管理、严格管理，试问，若以管理来约束甚至监督每一位读者，岂非失去了图书漂流本身浪漫且神秘的特性？背离了自身特点与根本理念的"图书漂流"又有何存在的意义呢？

倘若为了"漂流"而"漂流"，把"图书漂流"当作"读书日""读书节"的应景之事而盲目跟风，大作表面文章，大搞形式主义，则同样失去了意义。"图书漂流"本非人们生活的必需品，实在没有必要以功利心去亵渎它。

尽管如此，前述我国开展的那些"图书漂流"活动依然有它们的价值,这价值主要不在于推动阅读,也不在于分享知识,而在于它就像是一张薄薄的"试纸",一试即破,屡试屡破,令人反思国民素质的全面提高是多么迫在眉睫。

## "接地气"的有益尝试

如何适应中国的特殊国情,使"图书漂流"真正深入人心,让书在读者手中和心中真正流动起来。可以说,首都图书馆的"北京换书大集"是"接地气"的有益尝试。

"北京换书大集"自2011年推出,每年举办一届,持续受到北京市民的关注和喜爱,成为由首都图书馆发起主办、各级区县公共图书馆和北京市行业图书馆等首都图书馆联盟成员馆及出版机构、媒体共同参与的北京市著名文化活动品牌。

活动通过先期的媒体宣传号召广大市民将家中闲置书刊送至图书馆,换取换书(刊)券。在大集开集之日凭借换书(刊)券自由选取相应数量的图书或刊物。这不仅"盘活"了读者手中的闲置存书,促进了图书的流动与利用,同时也倡导了分享阅读、绿色阅读和快乐阅读的理念,吸引市民走进图书馆并利用图书馆[①]。

"北京换书大集"并非严格意义上的"图书漂流",只需自愿不需自觉,但它较为适应我国国情,产生了一定的实效,探索了一种图书分享的新模式。

---

[①] 王海茹:《北京换书大集:图书馆阅读推广方式的创新》,《图书馆杂志》,2014年第4期。

# 第六章　各秉所长，资源共享：
# 　　　　图书馆讲座联盟

2012年9月，作为全国公共图书馆讲座联盟的巡讲活动，国家图书馆邀请朱祖希先生担任"国图·山东大众讲坛"主讲嘉宾，前往济南做了题为"中国古代都城的最后结晶：明清时期的北京"的讲座。朱祖希先生从天坛和泰山的关系谈起，既拉近了与当地读者的距离，又给自己提出了一个新的研究课题。除"国图·山东大众讲坛"外，在全国公共图书馆讲座联盟的合作框架下，国家图书馆还与福建省图书馆合作举办了"国图·东南讲坛"，与沈阳市委宣传部、沈阳市图书馆合作举办了"国图·辽海·沈阳讲坛"，与新疆维吾尔自治区图书馆合作举办了"国图·新疆讲坛"、与宁夏图书馆合作举办了"国图·塞上人文讲坛"等，为各地输送了大量讲座资源和专家资源。

## 联盟诞生的背景

讲座作为公共图书馆履行社会教育职能的重要手段,在满足公众知识信息需求、保障公众基本文化权益等方面发挥着重要作用。随着全国图书馆讲座业务的发展,国家图书馆基于以下背景适时提出了建立讲座联盟的倡议。

其一,公共图书馆讲座业务发展迅猛。2004年文化部召开全国公共图书馆讲座工作会议以后,各级公共图书馆积极行动,加强了对讲座工作的重视与规范,在机构设置、人员保障、经费来源、场地设备、宣传推广等自身建设方面逐步完善,讲座品牌如雨后春笋般涌现。以国家图书馆、上海图书馆、广东省立中山图书馆、首都图书馆、浙江省图书馆、福建省图书馆、山西省图书馆、武汉市图书馆等为代表,讲座的系列化、品牌化和规模化逐渐形成。一些中小型图书馆也努力培育具有自身特色的讲座品牌。国家图书馆的"部级领导干部历史文化讲座""文津讲坛""国图讲坛""文津读书沙龙",上海图书馆的"上图讲坛",首都图书馆的"首图讲坛",广东省立中山图书馆的"广东学术论坛",福建省图书馆的"东南讲坛",山西省图书馆的"文源讲坛",黑龙江省图书馆的"龙江讲坛",广西壮族自治区图书馆的"八

## 第六章 各秉所长，资源共享：图书馆讲座联盟

桂讲坛"，武汉市图书馆的"名家论坛"及宁波市图书馆的"天一讲坛"等诸多知名讲座品牌得到了社会各界的认可和好评，在创建学习型社会的过程中发挥着独特作用。

文献借阅、参考咨询等图书馆传统服务大多是对读者的需求做出响应，而讲座则是一种主动服务的形式，其选题必须从大众的需求出发，将学术性与普及性紧密结合，突出雅俗共赏、深入浅出的优势。如浙江图书馆的"文澜讲坛"包含20多个讲座系列，内容涉及文学艺术、国际形势、音乐、书画艺术、经济、浙江文化名人、文学解读浙江、西湖文化、创新创业、名校校长面对面、未成年人阅读辅导，等等。随着公众文化生活的日益多样以及知识信息更新速度的加快，公共图书馆讲座也更加注重了解、满足读者需求，使讲座内容覆盖到更多的学科领域。与此同时，许多公共图书馆依托各地方文献与地方文化资源策划讲座选题，不断创新，形成自己的重点和亮点，打造自己的城市名片，服务于地方文化建设。例如福建省图书馆的"东南讲坛"浓墨重彩地介绍闽台文化，先后推出"福建海洋文明"系列讲座，"船政文化"系列讲座，"福州寿山石、脱胎漆器、软木画珍品鉴赏"系列讲座，"楹联、土楼、名村名镇本土文化行旅"系列讲座等。湖南图书馆的"湘

图讲坛"、上海徐汇区图书馆分别策划的"城市记忆"和"百年老店寻根"系列讲座也都凸显地方文化特色,获得了很好的社会反响。

公共图书馆讲座从满足读者的多样化需求、促进人的全面发展出发,推出了针对不同受众的分层服务。其中既有针对领导干部的讲座,也有针对科研人员、职场人士、大学生、少年儿童、老年人、残障人士等多种人群的专场讲座。同时,一些公共图书馆还主动将讲座业务向馆外延伸,走进社区、企业、工地、学校、军营、残联、监狱、福利院等单位,扩大了图书馆的影响力,使更多的社会公众了解、走进、利用图书馆。讲座拓展了公共图书馆的社会教育职能,搭建了公众与专家学者直接沟通的文化平台,树立了图书馆作为公益性文化服务机构的良好社会形象,受到了社会各界的普遍欢迎。

其二,公共图书馆讲座业务得到政府的鼓励和扶持。2004年年底,文化部在佛山召开全国公共图书馆讲座工作会议,要求全国图书馆普遍开展讲座工作。2006年3月,文化部办公厅下发了《关于深入开展图书馆讲座工作的通知》,充分肯定讲座工作在提高全民文化素质和建设公共文化服务体系中所起的积极作用。2009年4月23日，温家宝总理在国家图书馆出席"文津读书沙龙"时指出，通过读书和举办讲座等形式开展活动，这对于推动全民族养成读书的良好习惯，提倡"读书好、好读书、读好书"将起到促进作用。2009年9月9日，中共中央政治局常委李长春在国家图书馆建馆一百周年庆祝大会上指出，要充分利用图书馆的设施、文献、技术等资源，积极开展讲座、咨询、展览、培训等特色服务。在此情况下，部分省市加强了对公共图书馆讲座业务的重视，同时加大了经费投入。

其三，公共文化服务体系建设要求公共图书馆讲座业务均衡推进。"联合国教科文组织坚信公共图书馆是传播教育、文化和信息的一支有生力量，是促使人们寻找和平和精神幸福的基本资源。"[①] 公共图书馆作为公共文化服务体系的重要组成部分，为个人和社会群体实现终身教育、自主决策和文化发展提供了有利条件，发挥着其他文化设施不可替代的重要作用。联合国教科文组织《公共图书馆宣言》提出："公共图书馆是地区的信息中心，它向用户即时提供各种知识的

---

① 联合国教科文组织：《公共图书馆宣言》，《图书馆学刊》，1996年第6期。

信息。每一个人都有平等享受公共图书馆服务的权利，不受年龄、种族、性别、宗教信仰、语言或社会地位的限制。"[1]我国更是明确要求建立"普遍均等，惠及全民"的公共文化服务体系[2]，这就要求图书馆必须坚持公益性原则，普遍、平等、均衡地面向广大公众提供多元化的公共文化产品和服务，使人们享有均等的文化权利。但是，我国目前各地公共图书馆讲座资源存在较大差距，很不平衡。一是由于经济发展水平不同导致的各地公共图书馆讲座资金投入、硬件设施不平衡。二是由于各地人才资源、科研水平、人文环境差异导致讲座专家、软力量不平衡。因此，各图书馆之间加强合作，共建共享资源，均衡推进图书馆讲座业务的发展，成为构建公共文化服务体系的必然要求。

基于一致的合作意愿，图书馆界首先在区域性讲座业务合作方面开展了有益的尝试与探索。2004年6月由上海图书馆牵头，江浙地区18个城市的公共图书馆在资源共享、优势互补、互利互惠、自愿参加的前提下签订了《长三角公共图

---

[1] 联合国教科文组织：《公共图书馆宣言》，《图书馆学刊》，1996年第6期。
[2] 程焕文：《普遍均等　惠及全民——关于公共服务普遍均等原则的阐释》，《图书与情报》，2007年第5期。

# 第六章 各秉所长，资源共享：图书馆讲座联盟

书馆讲座资源共建共享协议》，跨地区馆际间的讲座资源共建共享开始启动。2005年，文化部全国文化信息资源建设管理中心、国家图书馆和上海图书馆共同倡议，全国近60家图书馆共同签订了《公共图书馆讲座资源共建共享协议书》。2008年10月，浙江图书馆牵头召开全省公共图书馆讲座工作会议，成立了浙江省公共图书馆讲座联盟。

这些探索和尝试推动了公共图书馆讲座业务的合作，促进了各馆之间的信息互通、成果交流与资源共享。但是，全国各级图书馆多层、互补、互动的合作格局和有效的协调协作机制仍然没有形成，远远不能满足公共图书馆讲座事业发展的需要。从长远发展来看，构建全国公共图书馆讲座联盟，有利于提高讲座业务的整体服务水平，有利于弥补地区间的资源不平衡，有利于促进公共文化体系建设。可见，全方位、深层次的图书馆讲座合作与共建已经势在必行。

## 联盟的创建过程

为了促进公共图书馆讲座业务合作，解决讲座业务发展中遇到的实际问题，国家图书馆于2009年8月11日至12日召开了"全国公共图书馆讲座工作研讨会"。与会代表为来

自全国近 60 家图书馆（其中包括 27 家省级图书馆）的讲座业务主管领导及工作人员，共计百余人。会上，大家共同发起了成立全国公共图书馆讲座联盟的倡议。参会代表一致同意以促进合作、开展交流为旨归，秉承公开平等、互利互惠的原则，以共建共享为方法，在全国公共图书馆间就讲座工作加强合作与交流。会后的一个月内，66 家公共图书馆作为全国公共图书馆讲座联盟的发起馆签署了《全国公共图书馆讲座联盟合作意向书》。全国公共图书馆讲座联盟自此进入筹建阶段。

2010 年 10 月，在福建省图书馆的鼎力支持下，"2010 年全国公共图书馆讲座工作研讨会暨讲座联盟网络平台建设与使用培训班"在武夷山市举办，来自联盟发起馆的 70 多人参会。由于参会者是各馆具体负责讲座业务的工作人员，因此可以充分交流业务经验，探讨工作中的困难和问题，这使得会议极具实效，为联盟的后续发展奠定了很好的基础。

2010 年 12 月 15 至 16 日，国家数字图书馆推广工程启动仪式暨全国图书馆创新服务工作座谈会在国家图书馆举行。在其中的"公共图书馆讲座联盟工作"业务研讨会上，全国公共图书馆讲座联盟正式成立，讲座联盟网络平台正式开通。

会上讨论了《国家图书馆对全国公共图书馆讲座联盟建设的意见》，明确了讲座联盟是由全国公共图书馆自愿组成的非营利性行业组织，以促进全国图书馆讲座业务发展与合作为目标。全国公共图书馆讲座联盟的成立为公共图书馆讲座业务的进一步推进打下了良好的基础，目前成员馆已经增加到200余家。

## 联盟在探索中发展

讲座联盟成立之后，不断完善工作机制，积极探索工作思路，做出了许多有益的探索。

其一，搭建讲座资源共建共享平台。讲座资源共建共享网络平台是全国公共图书馆讲座联盟开展工作的基础。该平台自2009年下半年开始筹建，初期做了大量的调研工作，广泛征求各馆的建议，提出了平台的需求方案。经过反复的设计、论证、审核和修改，最终完成了平台搭建工作。国家图书馆为此投入了资金和人力支持。在一年多的试运行期间，各馆共同参与，提出建议和意见，促使平台的各项功能日趋完善，于2010年12月联盟成立时正式开通。平台的主要功能在于资源共享、信息发布、联系交流等。

资源共享主要是通过各馆共同建设的专家资源数据库和讲座资源数据库，在馆际间整合与分享专家资源、选题资源、课件资源等数据信息。2010年10月举办的"2010年全国公共图书馆讲座工作研讨会暨讲座联盟网络平台建设与使用培训班"提高了各馆工作人员的讲座数据建设和使用能力，大大推进了平台建设进度。当年平台数据量达到17000条，次年增长至19000条，为各馆策划讲座提供了重要的参考。

共建共享平台还可以发布成员馆讲座信息、业务动态及在线视频，为成员馆的讲座宣传推广和工作人员的沟通交流提供便利。同时，共建共享平台设置了成员联络和交流的专区，各馆通过这个专区互相帮助、分享经验，对联盟的工作建言献策，共同参与到联盟的组织管理之中，实际作用逐步显现。

其二，推广有地区影响力的讲座，打造联盟成员馆共有的讲座品牌。2006年3月文化部办公厅下发《关于深入开展图书馆讲座工作的通知》后，各级公共图书馆积极行动，加强对讲座业务的重视与规范，在机构设置、人员保障、经费来源、场地设备、宣传推广等方面逐步完善，讲座品牌如雨后春笋般涌现，讲座的系列化、品牌化逐渐形成。各馆因地制宜、因馆制宜，富有创新精神，采用切合本地实际情况的运作模式，走出了一条讲座业务的创新发展之路。

讲座联盟对全国公共图书馆讲座业务进行了调研和摸底，以尽快全面掌握讲座业务的发展现状，总结先进的经验与模式，推广优秀讲座品牌，并在全国范围内组织示范巡讲。巡讲活动既可以推广有地区影响力的讲座，同时又能够带动欠发达地区图书馆讲座业务的发展，形成公共图书馆讲座业务良性互动、携手共进的格局。巡讲活动还有利于发挥集约优势，共享巡讲成果，拓展讲座的辐射力和影响力，为打造公共图书馆共有的讲座品牌奠定基础。自联盟筹建至今，已经以多种合作方式举办巡讲数百场，为成员馆输送了大量的专家资源。

同时，讲座联盟还致力于打造行业共有的讲座品牌。2010年6月至7月尚在筹建中的讲座联盟就推出了"地方文献与地方文化"系列讲座，引起了各馆的积极响应，纷纷推荐当地的精品讲座和优秀专家参与到活动中。该系列讲座在北京成功举办了10场，为公众奉献了一系列地方文化大餐，社会反响非常热烈。2013年，作为该系列讲座的第二阶段，同时配合文化部非物质文化遗产司与国家图书馆联合举办的非物质文化遗产保护展览，推出了"乡土文化之丝、织、绣、染技艺",共举办讲座 8 场。

其三,开发讲座产品,扩大讲座的社会影响。现场讲座受到时空的严格限制,即使通过巡讲,也只能使有限的公众受益。因此,讲座成果的整理和产品的开发至关重要,是推广讲座品牌的重要方式。讲座产品的种类很多,既包括杂志、图书、光盘等正式出版物,也包括音视频等其他产品。讲座联盟倡导各馆联手,整合相关讲座资源,共同进行开发,共享开发成果。加强产品开发的标准化,这要求讲座联盟在成员馆间开展互助,提高文字编辑、摄像编辑及数字化制作水平,制作出高品质高水准的文化产品。"地方文献与地方文化"系列讲座举办之后,联盟组织各馆整理、编辑书稿,出版了《乡土文化研究》一书。该书的出版是联盟在联合报送选题、联合举办讲座、联合开发产品方面的一次积极探索和尝试。

其四,加强人才培养,开展业务培训与交流。人才匮乏、专业化水平较低是制约公共图书馆讲座发展的关键因素。相对于图书馆传统业务,讲座工作对专业队伍的综合素质要求更高,需要兼具策划能力、公关能力、管理能力的复合型人才,同时要求讲座策划者既要具备专业特长,又要有广博的知识。调查显示,23.1% 的公共图书馆认为本馆讲座从业人员的数量或者素质无法达到工作的要求，甚至有19.8%的图书馆没有为讲座业务设置专门的岗位和人员，仅由其他工作人员临时兼任，这严重制约着讲座业务的发展。2011年11月13日至15日，由国家图书馆和山西省图书馆共同主办的"2011年全国公共图书馆讲座联盟省级成员馆工作会议"在太原召开。2012年11月22日至24日，"2012年全国公共图书馆讲座联盟及展览工作会议"作为中国图书馆年会的分会场在东莞召开。这些会议为从事讲座工作的馆员提供了更多的学习和交流机会，有利于提升从业人员的整体素质。

其五，加强业务研究，促进讲座业务的专业化与标准化。公共图书馆讲座业务虽已开展多年，却仍然缺少专业规范与标准，具有很强的随机性和随意性。讲座联盟尝试组织开展业务研究，向成员馆征集相关论文，于2011年出版了《全国公共图书馆讲座工作论文集》，收录论文58篇，共计30余万字，成为广大从业人员的案头参考书。讲座联盟还致力于帮助成员馆深化对讲座工作的理论认识，形成一套系统化、标准化的操作规范。

其六，讲座联盟的组织架构和工作模式产生了复制效应。全国图书馆讲座联盟成立后，山东省公共图书馆讲座联盟、江西省公共图书馆讲座与展览联盟、安徽省公共图书馆阅读推广联盟、山西省公共图书馆流动讲座定制化服务项目相继诞生，形成从国家馆到省、市、区（县）多层次完善的讲座资源共建共享格局。

全国公共图书馆讲座联盟建立的初衷在于公共图书馆讲座资源的共建共享，但在实际发展中，联盟成员馆已经不仅限于公共图书馆，许多高校馆也加入进来，联盟的工作范围已经远远超出讲座业务，扩展到文津图书奖、图书漂流、阅读之旅等许多阅读推广项目，越来越多的阅读推广项目依托联盟而成功开展。因此，可以说全国公共图书馆讲座联盟已经成为实际上的"阅读推广联盟"。

# 第七章　你的阅读到底谁做主：读书推荐

2015年4月23日，在第20个"世界读书日"，国家图书馆推出"国图公开课"。随后邀请朱祖希先生携《营国匠意——古都北京的规划建设及其文化渊源》做客"国图公开课"的"读书推荐"栏目，面向读者介绍该书的主要内容和创作情况。"读书推荐"栏目邀请文津图书奖历年的获奖作者和评审专家为读者推介好书，引导人们多读书、读好书，阅读有思想内容、有文化品位、有知识含量又有可读性的书。首期上线的节目包括：中国科学院院士、科普作家协会理事长、中科院地质和地球物理研究所原所长刘嘉麒推荐第二届文津图书奖获奖图书《万物简史》，著名作家、中国社会科学院哲学研究所研究员周国平推荐第三届文津图书奖获奖图书《中国教育公平的理想与现实》，北京天文馆馆长朱进推荐第四届文津图书奖获奖图书《追星：关于天文、历史、艺术与宗教的传奇》，哈佛大学终身教授、著名数学家、物理学家丘成桐推荐第六届文津图书奖推荐图书《数学与人文》，中国科学院研究生院科学传播学教授、国际科学素养促进研究中心中国研究中心主任李大光推荐第十届文津图书奖获奖图书《檀岛花事：夏威夷植物日记》等。

事实上，文津图书奖本身就是书目推荐，而"国图公开课"的"读书推荐"栏目则是以多媒体技术和互联网传播相结合的方式实现的另一种书目推荐方式。随着栏目的发展，推荐图书和荐书人的范围都所有扩大。2017年还特别策划了"馆员荐书系列"，鼓励读者在馆员推荐下找到属于自己的阅读方向，建立读者与馆员之间的互动联结的"概念"，以新媒体的形式，让读者在看节目的同时能够深化阅读。目前"读书推荐"栏目已上线节目58期。

## 书目推荐的历史

书目推荐，也称为书目导读、书目选读、书目举要。南京大学徐雁教授指出："推荐书目是为指导读者读书治学或普及科学文化知识，选择适合特定读者群所需要的文献而编制的目录。"[①] 俄罗斯著名文论家别林斯基说："阅读一本不

---

[①] 徐雁主编：《全民阅读推广手册》，海天出版社，2011年，第346页。

## 第七章 你的阅读到底谁做主：读书推荐

适合自己阅读的书，比不读还要坏。我们必须学会这样一种本领，选择最有价值，最适合自己所需要的读物。"[1] 书目推荐古已有之，早在两千多年前，孔子就教育儿子孔鲤："不学诗，无以言。"[2] 这里的"诗"指的是《诗经》。孔子不但为孩子推荐具体图书，而且明确了阅读该书的目的和作用。

在唐代，书目推荐很受青年士子们的欢迎。现在我们所能见到的最早推荐书目是被后人称为"唐末士子读书目"的敦煌遗书伯2171号卷子《杂钞》，其中一节以问答体形式为青年学子开列了包括《春秋》《史记》在内的25种文献，是"我国现存最古老的一个推荐性的学习书目"[3]。

书目推荐不仅要针对特定人群解决"读什么"的问题，而且有时还要解决"如何读"的问题。宋代朱熹在《四书章句》中不但推荐了书目，而且阐述了为学次第的观点："《大学》，孔氏之遗书，而初学入德之门也。于今可见古人为学次第者，独赖此篇之存，而《论》《孟》次之。学者必由是而学焉，

---

[1] 〔俄〕别林斯基著，梁真译：《别林斯基论文学》，新文艺出版社，1958年，第121页。
[2] 杨伯峻译注：《论语译注》，中华书局，2007年，第248页。
[3] 王重民：《中国目录学史论集》，中华书局，1984年，第221页。

则庶乎其不差矣。"①

元代程端礼编著的《程式家塾读书分年日程》规定了学生学习课程和书目，被视为推荐书目的先导，它将"朱子读书法"落到实处。此种读书次第和读书方法对后世，尤其是对清代以来的读书风气影响较大②。

中国古代最为经典的书目推荐，是张之洞、缪荃孙合作编制的《书目答问》。它倡导读书要把握要领、选择精本。其中收录清人著作1000多种，占总数的一半，基本上把清代的主要学术著作囊括其中③。缪荃孙为京师图书馆的创办者，亦即国家图书馆首任馆长。此外，陆世仪的《思辨录》、薛瑄的《读书录》、胡居仁的《居业录》、顾宪成的《小心斋札记》都是书目推荐的典范。

民国初年推荐书目更加受到重视，特别是面向儿童推荐的书目。"教育部选定，《儿童读物目录》（南京该部公报室，民国二十二年）；罗静轩《儿童书目汇编》（北平图书馆协会，民国二十二年）；林斯德《儿童读物参考书目》（《儿童读

---

① [宋]朱熹撰：《四书章句集注》，中华书局，2016年，第3页。
② 参见徐雁平：《〈读书分年日程〉与清代的书院》，《南京晓庄学院学报》，2006年第3期。
③ 参见徐雁主编：《全民阅读推广手册》，海天出版社，2011年，第346页。

物选择法》第五章，民国二十四年）；平心《全国少年儿童书目》（上海生活书店发行，民国二十四年）等十数种。"[1]

梁启超、胡适、林语堂等应《京报》副刊主编孙伏园约稿，为青年开列推荐书目，对学生的学习起到了较好的指导作用。但书目推荐取决于推荐者的主观判断，因此并没有统一的标准和答案。例如，梁启超的《国学入门书目》和胡适的《一个最低限度的国学书》所推荐的书目就大不相同并引起了"胡梁之争"。梁启超还编制了《西学书目表》，体现了其阅读要兼涉中西、博采众长的思想。此外，鲁迅为其朋友许寿裳的儿子开列书单，钱穆在西南联大为学生开列《文史书目举要》，朱自清出版《经典常谈》介绍中国传统的重要典籍，张舜徽在兰州大学为学生开列《初学求书简目》等。

## 国家图书馆的书目推荐

早在20世纪20年代，国家图书馆就已经编纂专题书目，例如《中国音乐书举要》《关于老子及道教之书报目录》《世界美术馆名目》《关于中国古迹方面之重要书目》《西译中

---

[1] 梁进学：《试论清末民初举要目录的发展》，华东师范大学出版社，2004年，第65—66页。

国诗集目》《研究英诗应读书目》，等等。这一时期，国家图书馆还通过举办展览，向读者推荐旧藏或新入藏的善本。

20世纪50年代，为了配合政治运动、纪念节日，或根据研究部门和专家学者的要求，国家图书馆也经常编制一些书目索引，截至1958年年底，已经编成书目三百余种，所涉及的范围相当广泛。例如：学习毛泽东著作书目，批判修正主义书目，马克思列宁主义在中国传播展览书目，馆藏解放区出版文艺作品目录，俄国伟大作家托尔斯泰作品中译本简目，荣获斯大林奖金文学作品目录等。在科学技术方面，所编写的参考书目有馆藏中外文数学书目、钢铁冶金书目、土木建筑书目以及馆藏中国医药书目等。其中1953年推出的《中国古代重要著作选目》是经过郭沫若、俞平伯、何其芳等人审订的，共选书20种。在此期间，国家图书馆还把讲演报告会作为"指导阅读、推荐优秀图书、介绍作家作品、阐述学术问题的活动方式"[①]，并专门印发与主题或主讲人相关的书目。此外，书刊展览仍然是向读者推荐和宣传各种优秀读物的重要方式。

百年来，国家图书馆面向读者推荐图书、编制书目、指

---

[①]《北京图书馆十年》，《北京图书馆馆史资料汇编》（二），北京图书馆出版社，1997年，第845页。

导阅读的工作始终延续。文津图书奖的创立大大改变了以往图书馆书目推荐的面貌。奖项定位很好地兼顾了学术研究与大众普及。以读者为中心的理念则使文津图书奖开列的书单能够真正满足大众的需求。也正是因为上述原因，文津图书奖迅速成为国家图书馆的阅读推广品牌项目。随着参加联合评审和联合推广的图书馆越来越多，文津图书奖把书目推荐直接开展到全国各地。同时，国家图书馆还设立了读者借阅排行榜，为提高书目推荐的水平提供了依据。"国图公开课"设立的"读书推荐"栏目则借助互联网和多媒体技术，把专家荐书、作者荐书、读者荐书、馆员荐书有机地结合起来，充分发挥不同人群在书目推荐方面的特长和优势。2016年国家图书馆为国务院办公厅编制了《新书推荐》，通过与文化部办公厅合作，直接服务国家领导人[①]。

## 图书馆书目推荐的方式

目前，图书馆书目推荐主要有以下几种方式：

新书推荐。这是图书馆普遍采用的传统书目推荐方式之

---

① 《国家图书馆年鉴》（2016），国家图书馆出版社，2017年，第63页。

一,绝大部分图书馆都有中文新书推荐,也有部分图书馆推荐外文图书、期刊、视听资料和少儿图书等。新书推荐时效性很强,及时、定时更新是其价值所在,形式包括发布书单、专架陈列、网上展示及试读等。

借阅排行。图书馆的图书借阅排行榜在一定程度上客观地反映了读者在特定期间的阅读取向,可以说是一种读者荐书的方式。借阅排行榜可以在图书馆网站、微博、微信公众号、电子屏、公告栏等渠道发布,为读者借阅图书提供参考。图书馆既可以统计、发布月度借阅排行,还可以统计、发布年度借阅排行,还有些图书馆按照图书类别统计、发布多个借阅排行。

阅读推广活动中的图书推荐。各项阅读推广活动的直接目标都是推荐图书供读者阅读,有些活动推荐某一部作品,有些活动则围绕某一特定主题推荐多部作品。例如《营国匠意——古都北京的规划建设及其文化渊源》这部作品就是以文津图书奖、展览、讲座、图书漂流、阅读之旅、国图公开课的"读书推荐"栏目、地铁图书馆等多个阅读推广项目来推荐的。

专题目录。图书馆对专题文献、特色文献建设普遍比较重视,这就为编制专题书目、开展专题文献推介服务准备了条件。此外,结合阅读推广活动也可以编制相应的专题书目,以达到延伸阅读的效果。

## 图书馆书目推荐的必要性

"为人找书,为书找人"是关于图书馆宗旨最简明、最精辟的表述。公众对图书馆的认识通常停留在"为人找书"即借阅服务上,而书目推荐则是典型的"为书找人"的方式之一。

其一,书目推荐源于读者的需求。自1999年起,由中国新闻出版研究院组织实施的全国国民阅读调查已持续开展了十五次。每年发布的调查数据都会引起社会上有关机构和人士的关注。事实上,数据不如每个人自身的体会直观。不妨试着问问:自己和身边的人的阅读量究竟有多少?一方面在信息泛滥、急功近利的社会环境下,去功利化的深度阅读是稀缺之事,另一方面面对每年出版的几十万种图书,取精去粕遴选好书并非人人皆具的能力。一些学者认为在个性化的时代不再需要书目推荐,因为"现在但凡有点文化的人,都不会太相信别人给开的单子了"[1]。而另一些学者则在承认阅读是个性化行为的同时强调阅读的社会性,坚持"阅读是一种社会现象,带有倾向性,而推荐书目就体现了这种倾向性"[2],甚至提出"一个人的精神发育史就是他的阅读史。一个民族的精神境界取决于这个民族的阅读水平"[3]。客观地讲,形形色色的书目推荐各有其相对的局限性,但无论是出于解决个人阅读的选书困难,还是出于全民阅读对社会对民族发展的意义,书目推荐都有继续存在的必要。

其二,书目推荐是图书馆的使命。文献的价值在于使用,阅读的价值在于启迪心灵、传承文明。书目推荐工作是图书馆业务工作的重要基础,也是图书馆阅读推广工作的核心内容之一。图书馆所开展的一切阅读推广项目,出发点和落脚点都是书目推荐,都是为了实现阮冈纳赞所言的"每个读者有其书,每本书有其读者"[4]。尽管图书馆阅读推广的形式不

---

[1] 钟叔河、陈子善、止庵等:《专家谈推荐书目》,《中国图书商报》,2005年4月22日。
[2] 王余光:《推荐书目与传统经典的命运》,《中华读书报》,2008年4月23日。
[3] 朱永新:《我的阅读观》,中国人民大学出版社,2012年,第1页。
[4] 〔印度〕阮冈纳赞著,夏云等合译:《图书馆学五定律》,书目文献出版社,1988年,第2—3页。

断创新，但书目推荐始终是图书馆不可或缺的传统服务内容。书目推荐不仅要解决读什么书的问题，还要解决怎样去读的问题。针对不同读者群选定不同主题进行图书推荐，指导读者选择适当的阅读方法，对现有图书给予客观评价供读者参考，这正是当代馆员所应追求的目标。中国图书馆学会阅读推广委员会推荐书目专业委员会的宗旨便是：以"为人荐书、为书荐人"为目标，以推荐书目为方式，汇聚专业人士力量向社会各个层面、年龄段公民提供阅读指导和阅读服务。

其三，书目推荐可以提高图书馆文献的利用率。文献的利用率不高是很多图书馆面对的困境，主要原因在于：很多人不知道图书馆是否有自己所需要的书，很多人不知道是否能够在图书馆得到自己所需要的服务，很多人不知道该怎样利用图书馆的馆藏资源。书目推荐既是对优秀作品的宣传，也是对图书馆服务的宣传，有利于提高文献的利用率，避免资源浪费，也有利于强化图书馆服务的针对性和主动性，拓展服务的广度和深度，保证图书馆健康持续发展。

## 图书馆书目推荐的原则

面对琳琅满目的各种图书，图书馆在进行书目推荐时应把握以下原则：

优质原则。评价书目推荐应首先考虑质量高低，而不能以书目数量作为衡量书目推荐工作的标准。图书馆书目推荐理当精选质量上乘的优秀作品，每种图书的选择都应有充分的理由。能否被纳入推荐书目是由作品本身的意义和价值决定的。文津图书奖之所以能够得到广大公众的认可，就是因为评委在评选时坚持宁缺毋滥的原则，其中第一届和第十三届获奖图书各有一种空缺，推荐图书更是多届都有空缺。在书目推荐工作中，遇到有多个版本的作品，则应注重版本的比较研究，遴选优者。

时效原则。新书推荐是图书馆普遍采用的一种书目推荐方式，它符合知识信息不断更新、发展的客观现实。一方面可以帮助读者及时了解图书最新动态，掌握图书馆馆藏资源情况，从而更加有效地利用文献资源；另一方面也检验着图书馆采访工作的水平。时效原则还要求书目推荐紧密结合热点。热点发生和传播期间，相关文献更易受到读者关注，阅读需求较大。通过阅读学习这些文献，专业人士可以更好地研究热点问题，其他读者也可以更加专业、理性、客观地看待热点问题。同时，时效原则还要求把握重要节日、重大纪

## 第七章 你的阅读到底谁做主：读书推荐

念日等时间点，以求达到最佳的阅读推广效果。

兼顾原则。图书馆书目推荐要具备一定的深度和广度才能对读者有所帮助，因此应尽量考虑兼顾原则。具体而言，图书馆书目推荐的内容应对古今中外皆有所涉猎，要涵盖中外、博及古今；图书馆书目推荐的对象应照顾到本馆接待范围内的各个年龄层的读者，让每一位读者都成为书目推荐的受益者；图书馆书目推荐不能仅仅集中在某一或某些学科领域，读者涉猎的学科均不宜偏废；除针对特定读者的类别或专业学科的书目推荐之外，图书馆书目推荐更应根据主题综合考虑书目的遴选，使广大读者能够了解到来自不同方面的观点；同时，图书馆书目推荐不但需要遴选对读者学习、工作、生活直接"有用"的图书，还应引导人们关注能够提高综合素养的"非功利性"的图书。当然，图书馆书目推荐通常有既定的内容主题和目标受众，兼顾原则并非要求通过一次书目推荐就全部实现，而需要通过长期的、多次的、不同的书目推荐才能实现。

互动原则。传统的图书馆书目推荐，具有以图书馆为主体、以读者为客体的单向度特征，而时代的发展要求信息的双向甚至多向流动。未来的书目推荐越来越难由图书馆或者专家单方面"说了算",读者的"声音"必将越来越大。只有顺应时代的发展,以读书沙龙、座谈会、论坛、借阅排行榜、好书推荐等线上线下方式,积极吸收读者的观点、意见,主动吸引读者参与到书目推荐中来,这项工作才有可能持续发展。文津图书奖从创立时起就前瞻性地采用了读者参与的方式,这正是其蓬勃活力的源泉。

协同原则。图书馆书目推荐并不局限于发布书单这一种方式,而应充分发挥各种阅读推广项目的协同作用,讲座、展览、图书评选、游学、公开课、经典诵读等都是书目推荐的良好平台。同时,书目推荐还需要图书馆与学术界、教育界、出版界、新闻界等社会各界通力合作,共同宣传推广优秀作品。

## 图书馆书目推荐的不足

图书馆书目推荐具有天然的优势和公信力,并在多年的实践中积累了丰富的经验。打造了品牌项目,但我国图书馆书目推荐在具体操作中仍存在一些不足。

其一,关注度低。很多图书馆书目推荐的书单只是简单地将书名、作者、出版信息和馆藏位置制成表格推荐给读者,但是往往缺少内容简介、章节试读和书评,更谈不上提供阅读指导。还有些图书馆的书目推荐忽视针对性和时效性，选书的随意性很强，既不设定主题也不结合热点，只是罗列一些经典著作或畅销书。这种流于形式、粗制滥造的推荐书目自然难以引起读者的共鸣和关注。

其二，传播度低。书目推荐是对优秀作品的宣传，这要求首先要做好对书目推荐自身的宣传。只有让书目推荐进入更多人的视野，所推荐的优秀作品才可能被更多人关注和了解。但是目前的图书馆书目推荐中，像文津图书奖这样被媒体、读者"轮番推荐"的品牌项目还极少，大多数书目推荐缺乏二次传播和多次传播。在自媒体时代，每个人都是传播者，传播者与受众的角色界限日益模糊。很多二次传播、多次传播需要通过受众的"自发传播"来实现，这是现今产品、广告、文章等最理想、最渴望的传播和营销方式。这就要求馆员在书目推荐工作中不但要用好传统的宣传方式，还要擅于运用新媒体。当然，读者不会随意"自发传播"，是否能够被读者"自发传播"，取决于书目推荐能否引发读者的共鸣。倘若馆员没有读过甚至根本没有了解过自己所推荐的书目，对作品没有任何感觉，又怎么可能将其强加给读者，要求读者欣然接受呢？

其三，缺少互动。随着时代的发展，读者的话语权意识日益增强。特别是在网络和新媒体高度发达的今天，读者更加需要表达观点、交流思想。如果图书馆只是将书目推荐搬到了网络和新媒体上，却依旧采用单向信息传递的服务模式，视读者为被动的信息接收者，忽视读者的话语权，忽视馆员与读者之间、读者与读者之间的信息交流，那么书目推荐就会成为图书馆的自娱自乐。

其四，忽视需求。书目推荐应重视读者的个性化需求，不能搞"以不变应万变"，也不能搞"普遍适用"。每个读者都有自己的阅读兴趣和阅读习惯，究竟读什么、怎么读，最终还是由读者决定。只有针对不同读者的不同兴趣、专业、习惯，结合不同时期的热点开展的书目推荐，才具有持续的生命力。未来基于大数据应用的个性化服务将促使书目推荐更好地满足人们不同的阅读需求。

其五，人才匮乏。无论书目推荐，还是其他各种阅读推广项目，都要求馆员具备较高的综合素养，需要策划能力、沟通能力、执行能力、审美能力、知识水平、服务水平等各方面素养的均衡发展。只有全面提高馆员的业务能力，才能解决以上各项不足，做好书目推荐工作。

# 第八章　当阅读"占领"地铁：地铁图书馆

2015年1月12日，北京首个地铁图书馆"M地铁·图书馆"成立，并举办了首期阅读活动"我们的文字"。"M地铁·图书馆"是由国家图书馆与京港地铁共同创意发起的阅读推广项目。

2015年5月11日，"M地铁·图书馆"实体馆落户北京地铁4号线平安里站。当天，"M地铁·图书馆"推出第二期主题阅读活动"文津十年"，活动为期两个月，期间每个周六读者可在平安里站地铁图书馆免费借阅文津图书奖十届以来的获奖图书，同时，还可以通过手机扫描馆内展示的二维码免费阅读这些好书的电子版。《营国匠意——古都北京的规划建设及其文化渊源》自然也在其中。

至2018年6月"M地铁·图书馆"已举办6期主题阅读活动，得到读者和乘客的欢迎与认可。2016年8月，"M地铁·图书馆"荣获国际图联国际图书馆营销奖。

## 国内外的地铁图书馆

世界上最早的地铁图书馆起源于加拿大的蒙特利尔，于 1981 年 12 月正式开放，面积有 2000 平方英尺。这个图书馆，设在地铁站台旁边，方便乘客在阅读的时候不错过乘车。当时该馆馆藏有一万多册英文、法文现代书刊，读者可以从高 4 英尺（约 1.2 米）的书架上自由取阅。

1988 年，日本东京地铁在东京市中心的四谷三丁目站开设了第一个驿文库，之后在大手町、新中野等站陆续增设，达到数十座，把地铁作为流动文化馆的理念延续了下来。其馆藏基本来自出版商、图书馆、附近居民、过往乘客的捐赠。与图书馆不同，驿文库的特色是：无人管理、随意索取、不设时限、自觉归还。其中，根津站驿文库的藏书约有上千册，陈列在检票口旁的两节特别车厢模型内，如同一座微型图书馆。

2008 年，莫斯科地铁设立了"爱阅读的莫斯科"专列，车厢内壁上刻印着文学人物肖像、世界经典文学片段和插图。此外还有"油画"专列，其两节车厢相通，只有一侧设有座椅，另一侧挂着名画复制品。乘客坐在椅子上可以仔细欣赏被俄罗斯一些博物馆收藏的列宾、列维坦等著名画家的佳作。2014 年，莫斯科地铁又开放了俄罗斯经典文学虚拟图书馆，

## 第八章  当阅读"占领"地铁：地铁图书馆

莫斯科又增添新的文化气息。莫斯科地铁免费向乘客提供100多部经典文学作品，乘客只要用智能手机或平板电脑扫描编码，就可以浏览图书馆的虚拟书架。

罗马尼亚沃达丰（Vodafone）数字图书馆与出版商在布加勒斯特的地铁站合作推出了数字图书馆，乘客采用智能手机扫描书脊上的QR码（Quick Response码，是二维码的一种）就可以在手机上阅读。此数字图书馆资源由沃达丰通信运营商提供，可以下载49种ePub或者PDF格式的免费样书和10种有声读物，其中部分可以免费下载原文，其他需要支付相应的费用。2012年5月，沃达丰通信运营商又在维多利亚地铁站创建了新的数字图书馆平台。

瑞典首都斯德哥尔摩于2009年启动了第一个地铁图书馆，乘客可以在这里上网并且下载有声读物到移动设备上。同时地铁图书馆内还设有儿童区和咖啡馆。

查马丁站是西班牙首都马德里地铁1号线和10号线的换乘站，地铁口的一侧有一座蓝绿色的流线型建筑物，那就是马德里大区政府、市政府和地铁公司联合推出的地铁图书馆。马德里大区政府自2005年起开始建设地铁图书馆，每个地铁图书馆的面积将近20平方米，藏书1300册左右。作为从设计之初就以便民为宗旨的公共文化服务设施，马德里地铁图书馆将便捷和服务落到了实处。首先，鉴于读者借还书大多选择中午休息时间和下班晚高峰时间，图书馆就把开放时间定为 13:30 至 20:00；其次，图书馆外墙上安装了电子触摸屏和还书箱，方便读者查询和还书；再次，读者凭身份证可以在任一地铁图书馆免费办理马德里大区各图书馆通用的借书证。此外，马德里大区还推出了"大巴图书馆"，每天上午 10 时，13 辆各载 3000 册图书的大巴开往大区各地，尤其是那些没有图书馆设施的地方。2012 年马德里市图书馆在 12 个地铁站设立了借书机，每个借书机可存放 3000 册书籍，乘客可以免费借阅图书，并在任意一个地铁图书馆归还。

2013 年，迈阿密广告学院与纽约公共图书馆合作建立了地铁图书馆（Underground Library），该图书馆采用虚拟书架和 NFC 技术（近场通讯技术），乘客通过带有 NFC 功能的手机在虚拟书架上近距离接触图书封面，就能以 ePub 或者 PDF 的形式下载试读图书的前 10 页内容。该图书馆的最终目标是让读者回归图书馆借阅实体图书，在试读完之后软件会在地图上标识图书馆所在地，方便读者前往借阅。

2013 年，首尔地铁设立了 17 个地铁图书馆，每个地铁图

## 第八章 当阅读"占领"地铁：地铁图书馆

书馆分别有 300 至 400 册图书，总量达 5000 余册。

自 2006 年起台北市立图书馆在人流多、交通便利或阅读需求量大的地点，如捷运站、车站、转运站、医院、机场、商场、学校等，先后建立了内湖、西门、松山、太阳、百龄、东区、福德、古亭等 8 座智慧图书馆。其中西门捷运站、东区地下街、松山机场捷运站三馆为地铁图书馆。这三馆都由台北市图书馆建立，开放时间与地铁同步，即每天 6:00 至 24:00，全年无休。人们使用悠游卡或 RFID（无线射频辨识系统）芯片借阅证，就可以自己在自助借还机办理借还书。不同的智慧图书馆可以通借通还，实现图书的循环流通。智慧图书馆依据不同地点的读者阅读倾向，藏书类型也会有所不同。如设立在家乐福超市的内湖智慧图书馆，它的藏书就主要针对女性、儿童等经常来逛大卖场的群体；位于西门捷运站的西门图书馆因为年轻人聚集，会有较多的漫画书；位于松山机场捷运站的松山图书馆，以前往境外旅游的读者为主，因此旅游书籍是主打；东区地下街图书馆，因邻近流行商圈，则会配置更多时尚、服装等书刊。

2008 年 8 月 27 日，上海地铁 9 号线推出自助式流动图书馆，在沿线 12 个车站设置书刊取阅架，免费向所有地铁乘客提供图书和杂志，无需登记，自由取阅，只要求乘客在出站时归还。该馆由上海市地铁公司主办，同时接受杂志社及书刊公司赠送的书刊。但是该馆遭遇严重的图书流失的困扰。最初的一个星期里，平均每天流失的书刊竟然高达500多册，流失率超过50%。运行一个月后，最初投入的4万册书刊，已经流失1万多册；运行两个月后，总计投入书刊约6万册，竟有近3万册未能收回。到2009年3月，多个站点已经无书可借。"丢书"事件在上海乃至全国引起了关注和争议，最后该馆渐无声息。

2009年，金陵图书馆与南京地铁携手创建的南京地铁图书馆在新街口站落成开放，该图书馆面积约35平方米，内设10米长的书架，上架图书4000余册。该馆的图书还能与金陵图书馆长江路老馆、金陵图书馆社区分馆、金陵图书馆河西新馆、汽车图书馆等分馆和流通点的图书实现通借通还。

2014年9月20日，苏州轨道交通图书馆正式成立并对外开放。这是苏州图书馆和苏州轨道交通联合为乘客提供的一个获取信息、短暂休息的"微型多媒体图书馆"。轨交图书馆位于轨交1号线苏州乐园站，拥有50平方米的空间，采用固定交互媒体与传统书架相结合的形式，分为书籍报刊阅览

# 第八章 当阅读"占领"地铁：地铁图书馆

区、信息检索区和多媒体展示区三个区域，配备有 2000 册左右的图书、30 种左右的报刊、5 台读者检索用电脑以及多媒体读报机、平板电脑等多媒体设备，为读者提供生活信息与知识百科。

2012 年，在武汉地铁 2 号线螃蟹甲站及其沿线 21 座地铁站内设立了 24 小时自助图书馆。自助图书馆位于地铁站付费区以外，只要办有"武汉通"的读者都能在此借阅。每个自助借书机面积约为 6 平方米，藏书 400 册。办证、借书和还书，3 个流程时间都不超过 1 分钟，非常便捷。

2014 年，长沙市图书馆在地铁 2 号线的芙蓉广场站、五一广场站各安装了一个"24 小时自助图书馆"。整套设备长 3.57 米、宽 1.5 米、高 2.4 米，可以存取 402 册图书，并可以在全市 80 余个总分馆通借通还。

## "M 地铁·图书馆"

"M 地铁·图书馆"是由国家图书馆和京港地铁共同创意发起的大型公益阅读项目，旨在依托地铁这一公众交通出行的重要工具，开放国家图书馆的部分优质资源，让乘客在日常出行中多一个阅读的平台和场所。"M 地铁·图书馆"

计划通过组织各类主题阅读活动，每年向公众推荐数十本可免费全本阅读的精品电子书籍。

作为北京首个地铁图书馆的"M地铁·图书馆"于2015年1月12日正式开馆，并于当日开启首期主题阅读活动——"我们的文字"。从那时起，市民乘坐4号线的"M地铁·图书馆"专列，通过扫描车厢内的二维码，就可免费阅读国家图书馆开放的优质资源。首期活动向公众推荐了10部关于文字的经典著作。4个月内"M地铁·图书馆"在线浏览量超过4.3万人次，平均每月浏览量1万多人次。重点推荐的《世界文字发展史》《书法没有秘密》《文字的故事》，浏览量分别为7000人次、1万人次和1.3万人次，反映出地铁乘客对这些相对严肃的读物也不乏需求。京港地铁、国家图书馆的官方微博、官方网站，地铁站内的广告灯箱、站内环境、地铁列车，以及国家图书馆的展示、展映、讲座等，各种资源全面配合，向公众介绍中国文字大家庭的成员，展示30余种民族文字，以及文字的传承、传播、文化、民俗等多方面内容，引发了公众对于中国文字的探索兴趣。

2015年5月11日，"M地铁·图书馆"实体馆落户北京地铁4号线平安里站，同时推出第二期活动——"文津十年"，

## 第八章　当阅读"占领"地铁：地铁图书馆

通过实体馆、阅读专列、站内的广告灯箱以及京港地铁、国家图书馆的官方微博、微信公众号、网站等多种形式，向乘客和读者推荐国家图书馆"文津图书奖"十届以来的获奖图书。活动期间实体馆除了以二维码的形式提供这些图书的电子版免费阅读，还开展纸质书籍免费借阅服务。活动启动当日至7月11日，通过京港地铁及国家图书馆官方微博预约的乘客和读者可于每周六到平安里站的实体馆免费借阅图书。为了让图书借阅流动起来，让更多的市民分享到书籍，地铁图书馆以赠送文创产品的方式来鼓励参与者及时归还图书。

此后，"M地铁·图书馆"还推出了"向着胜利""年画""和爷爷奶奶'童读'一本书""品红之道——生活中的红楼梦""那些年我们共同度过""狗年故事"等主题活动。2018年国际儿童节来临之际，"M地铁·图书馆"推出了以"致敬经典·听见童年"为主题的有声书免费推送活动，挖掘国家图书馆视听资源中的经典儿童音频资源，累计推送61个经典儿童故事，共141集。在这些作品中，既有《安徒生童话》《格林童话》《爱丽丝梦游奇境》等大家耳熟能详的大师作品，还有《青蛙弗洛格》等孩子们最喜爱的故事。其中《天鹅湖》和《夜莺》两个故事作为音乐绘本，还特别加入了歌剧欣赏和曲目分析的内容，给孩子们的阅读增添了更多的审美元素和艺术气息。

根据媒体的报道，"M地铁·图书馆"因其公益性和便捷性受到地铁乘客的欢迎。有乘客在接受记者采访时表示："我每天都坐4号线上下班，平时喜欢读书，前段时间在车厢海报上看到'M地铁·图书馆'的推荐图书，就扫描二维码进去了，没想到是全本免费阅读。这样一个多小时的乘车时间就变成了我的固定阅读时间，我也不会再感到无聊。到现在，我已经用手机读了两本书，感觉很方便。"[1] 还有读者表示"M地铁·图书馆"推荐的书目解决了自己选书的难题，为阅读提供了指导："'M地铁·图书馆'推荐的图书比较有品位，如果自己在地铁上扫描在线阅读后遇到喜欢的书，就上网购买纸质书在家品读。"[2]

2016年8月13日至19日，第82届国际图联大会在美国举行。会上宣布了2016年国际图联国际图书馆营销奖结果，中国国家图书馆"M地铁·图书馆"项目入围前十名。国际

---

[1]《北京首个地铁站内阅读驿站落户4号线平安里站》，人民网，2015年5月11日，http://society.people.com.cn/n/2015/0511/c1008-26981767.html。
[2]《北京地铁站首设图书馆变身阅读驿站》，新浪网，2015年5月11日，http://gongyi.sina.com.cn/gyzx/2015-05-11/173352594.html。

# 第八章 当阅读"占领"地铁:地铁图书馆

图联国际图书馆营销奖主要用于表彰图书馆界富有创意且注重应用效果的营销项目或推广活动。本届国际营销奖评选中,国际图联共收到来自26个国家71家机构的申请。"M地铁·图书馆"项目从中脱颖而出。

## 地铁图书馆的基本服务模式

目前世界上的地铁图书馆服务模式不尽相同,大致可以分为三种:实体书架或书屋、自助图书借还机和数字图书馆。

第一种,实体书架或书屋。国外的蒙特利尔、东京,国内的南京、上海等城市的地铁图书馆,采用这种形式。南京地铁图书馆采取传统的人工服务模式,是公共图书馆"将书送到读者手中"服务方式的延续。而东京和上海的地铁图书馆为无人值守型,乘客自由取阅,自觉还书。相比之下,东京虽然也有部分图书流失,但远没有上海那样严重,加上社会各界捐赠的图书数量很大,因此可以持续发展下去。

第二种,自助图书借还机。国外的马德里,国内的武汉、长沙、台北等城市的地铁图书馆,采用的就是这种模式。马德里、武汉、长沙的地铁图书馆在地铁站厅或站台内放置自助图书借还机供人使用。台北的智慧图书馆则设定专门的阅读区域，需刷卡进出，由自助机提供借阅，整个阅读氛围与传统图书馆无异。自助图书借还机既能提供纸本书借阅，又节省了人力成本。

第三种，数字图书馆。国外的纽约、莫斯科、布加勒斯、斯德哥尔摩的地铁图书馆，国内的北京"M地铁·图书馆"等，均采用这种模式。数字图书馆利用网络和新媒体技术，满足了人们对移动数字阅读的需求，更适合地铁内空间有限的阅读环境。因此，"M地铁·图书馆"根据自己举办的主题活动推荐相关图书，有时也配合纸质书借阅，但目前主要还是以数字阅读为主。

## 我国地铁图书馆何以快速发展？

国内越来越多的城市建设地铁图书馆，主要得益于轨道交通的发展、公众阅读需求的增强以及公共图书馆服务方式的转变。

其一，地铁建设加速。世界上首条地下铁路系统是1863年开通的伦敦大都会铁路（Metropolitan Railway），它是为了解决当时伦敦的交通堵塞问题而建造的。20世纪70年代开始，发达国家进入地铁建设的高峰期，10年内全世界共建设了约

1600公里地铁,平均每年新建160公里①。目前,世界上已经有100多座城市建成了地铁,线路总长度超过了7000公里。

20世纪90年代之前,中国只有北京、香港和天津拥有地铁,三个城市分别在1969年、1979年和1984年运营了第一条地铁线路,其中天津的第一条地铁现已拆除重建。近年来中国地铁建设呈现出指数级增长的趋势。根据国务院印发的《"十三五"现代综合交通运输体系发展规划》,"十二五"时期,我国高速铁路营业里程、高速公路通车里程、城市轨道交通运营里程、沿海港口万吨级及以上泊位数量均位居世界第一。截至2017年,我国内地城市轨道交通运营里程达到5033公里。2017年我国内地地铁客运量184.8亿人次,较2016年增加14.9%,日均客流约5063万人次。2017年北京地铁累计客流量37.8亿人次,比2016年增加1.36亿人次,日均客流量高达1035万人次②。地铁建设的加速,客流量越来越大,使地铁这一重要的公共场所更加需要配备相应的文化

---

① 数据来源:周晓勤:《当前我国城市轨道交通发展情况及需关注的几个问题》,世界轨道交通资讯网,2014年7月21日,http://rail.ally.net.cn/special/2014/0721/3438.html。
② 数据来源:中国城市轨道交通协会:《城市轨道交通2017年度统计和分析报告》,《城市轨道交通》,2018年第4期。

资源，打造地铁文化和城市名片。

其二，国民阅读需求亟待满足。第十五次全国国民阅读调查数据显示，2017年我国成年国民包括书报刊和数字出版物在内的各种媒介的综合阅读率为80.3%，数字化阅读方式（网络在线阅读、手机阅读、电子阅读器阅读、Pad阅读等）的接触率为73.0%，较2016年的68.2%上升了4.8个百分点[①]。这说明国民的阅读需求很大，并且处于持续增长中。乘客在乘坐地铁时往往以"看手机"消磨时间，而"看手机"并不一定等于数字阅读。在一项关于杭州地铁乘客手机使用习惯的调查中，有40.91%的地铁乘客习惯使用QQ、微信、微博等社交软件，排在第一位，并列排在第二位的是看视频和听音乐，占比皆为18.75%[②]。而在地铁上使用手机读书的乘客少之又少，这一方面有国民阅读习惯的原因，另一方面也有地铁文化建设滞后、阅读资源匮乏的原因。在地铁中提供更多的优质阅读资源供乘客使用，引导乘客利用"碎片时间"进行深

---

① 《第十五次全国国民阅读调查：成年人接触报刊图书时长不及手机一半》，人民网，2018年4月24日，http://media.people.com.cn/n1/2018/0424/c14677-29944888.html。
② 杨怡人：《杭州地铁乘客手机使用习惯调研》，《城市文化》，2018年第2期。

# 第八章 当阅读"占领"地铁：地铁图书馆

度阅读，满足乘客的阅读需求，从而提高国民素质，这是政府、公共图书馆和有社会责任感的地铁企业有意识地加快地铁图书馆建设的出发点。

其三，公共图书馆服务呈现新趋势。近年来公共图书馆到馆读者数量持续下降，这使得公共图书馆有必要主动到人流量大、阅读需求大的场所去提供服务。建设地铁图书馆有助于完善我国公共图书馆服务体系，盘活公共图书馆的优质资源，营造良好的城市阅读氛围，提高市民整体文化素质。目前我国的地铁图书馆还处于起步和探索阶段，难免会存在一些问题，但地铁图书馆存在的价值和意义是显而易见的。让文献信息资源走出图书馆，走向社会，将使更多的人享受到公共图书馆的服务，公共图书馆也因此会更加受到公众的欢迎。

## "M地铁·图书馆"的启发与思考

面对地铁图书馆的兴起，"M地铁·图书馆"建设的经验及带来的启发值得人们借鉴和思考。

第一，以读者需求为服务的出发点和立足点。"M地铁·图书馆"对于读者和乘客的阅读需求非常重视，工作人员通过后台数据可以了解乘客的阅读习惯，并据此不断调整服务内容和形式以更好地满足读者和乘客需求。例如，为了提高便捷性，减少电子书阅读前注册、登录等复杂流程，"M地铁·图书馆"实现了扫描二维码就可以直接进入试读界面，让乘客无障碍阅读电子书部分内容。

"M地铁·图书馆"实体馆落户4号线平安里站也是根据乘客建议而来的。此前"M地铁·图书馆"主要依托京港地铁阅读专列和合作双方的官方网站、官方微博推荐图书、提供阅读服务。有读者反映，希望能在一个相对固定的场所建立实体馆，实现线上线下阅读互补互动。根据这一建议，京港地铁综合考量人流量、安全和文化等因素，将"M地铁·图书馆"实体馆设立于4号线平安里站。平安里站周边不仅有多个社区，同时还是地铁4号线和6号线的换乘车站。根据规划，未来这里还将增加19号线和3号线，成为一座"四线换乘"的车站[①]，届时"M地铁·图书馆"将为更多的乘客提供阅读服务。

第二，要符合我国国情。首先，长期以来国人较为普遍

---

① 《地铁平安里站将实现国四线换乘》，《北京晚报》，2018年6月21日。

## 第八章 当阅读"占领"地铁：地铁图书馆

地缺乏阅读习惯的养成，电视曾经一度成为人们获取信息的主要渠道和娱乐的重要方式，现在则由手机取而代之。地铁上随处可见用手机聊天、看视频、打游戏的"低头族"。虽然社会上不时会有呼吁"低头族"抬头的声音，但却未见实际效果。其次，我国地铁特别是大城市地铁人流量极大，在拥挤的车厢内阅读纸质书确实存在困难，在地铁站厅、站台开辟专门的阅读空间容易造成安全隐患，具备设立实体馆的地铁站较少。既然如此，为何不能把数字阅读的潮流和"低头族"的现实结合起来呢？因此，"M 地铁·图书馆"以数字阅读为主要服务方式，致力于引导乘客利用"碎片时间"进行深度阅读。

第三，加强公共图书馆与地铁公司的合作。上海的地铁图书馆是由地铁公司开办的。南京等其他一些城市的地铁图书馆主要依靠公共图书馆的支撑，地铁公司通常提供空间方面的配合。而"M 地铁·图书馆"无论在总体策划上还是每期主题活动上，都是由国家图书馆和京港地铁双方共同开展的。京港地铁基于交通带动城市发展的理念，致力于推动业务多元化，以优质的服务促进社区发展，成为全球领先的城市运营商。除了"M 地铁·图书馆"，京港地铁还以自身的社会责任感开展了多项促进社区发展的业务。目前"M地铁·图书馆"仅存在于京港地铁在北京运营的地铁线路中，只有更多的地铁公司能够加入到地铁图书馆的建设之中，才能真正建成"书香地铁""书香城市"。

　　总之，若要读者和乘客真正乐于利用地铁图书馆，避免地铁图书馆成为徒有虚名的"摆设"，必需从读者和乘客的需求出发，通过技术调整提高阅读平台的亲和度，提供更加智能、便捷的服务。乘客即读者，读者即乘客。"M地铁·图书馆"致力于为乘客打造立体的阅读空间，使乘客在候车乘车过程中都可享受到阅读的乐趣，真正成为"每个人的阅读驿站"。

# 第九章　互联网时代的教育变革：网络公开课

朱祖希先生录制的"读书推荐"栏目属于"国图公开课"的内容之一。"国图公开课"是国家图书馆借鉴MOOC（"慕课"）的大规模、开放、在线理念，依托国家图书馆的海量馆藏资源，采取线上线下相结合的互动模式，推送多种形态的学习资源，面向社会大众的通识教育平台。"国图公开课"设立之初分为5个栏目，分别是专题课程、读书推荐、特别活动、典籍鉴赏和名著品读。专题课程邀请知名专家讲授品位较高的内容，每门课程设置若干讲，较为完整地传授某一主题的相关知识。读书推荐邀请文津图书奖历年的获奖作者和评审专家为读者推介好书，引导人们阅读有思想内容、文化品位、知识含量，同时又有可读性的书。特别活动则聚焦文化热点，重视时效性，通常在重要的纪念日、节日举办，以直播的形式推送。典籍鉴赏选取国家图书馆馆藏珍贵典籍善本，通过纪录片形式将典籍渊源、历史、价值等内容呈现给读者和观众。名著品读则整合了国家图书馆"国图讲坛"等讲座品牌的优秀内容,以视频的方式推送给读者。随着"国图公开课"内容的不断充实,目前栏目已经增至15个,成为国家图书馆阅读推广的新阵地。

## MOOC 的由来

在网络技术的支持下,近年来在线学习作为一种教学方式蓬勃发展。自1999年美国提出 Online Learning 的概念以来,全球范围内电子化学习的应用一直保持着较高的增长速度。2002年,在联合国教科文组织会议上"开放教育资源"(Open Educational Resources,简称 OER)作为一个术语首次出现,旨在动员全球的教育工作者共同协力开发一种全球性的教育资源,为世界人民所共享。为此全球数百个高等教育机构和相关组织组成了国际开放课件联盟(Open Course Ware Consortium,简称 OCWC),并大力推广普及网络公开课。这时的网络公开课主要模式是在网络上发布大学课堂的录像、共享课件,以实现开放高等教育资源的目标。但这种模式难以实现学生和授课教师之间的互动,学习体验远不及传统的课堂教学。

## 第九章　互联网时代的教育变革：网络公开课

MOOC 的概念是 2008 年由加拿大爱德华王子岛大学（The University of Prince Edward Island）的学者 Dave Cormier 和 Bryan Alexander 联合提出来的。MOOC（Massive Open Online Course）即大规模在线开放课程，是一种新型在线教育模式。通俗地说，MOOC 是为了增强知识传播而由具有分享和协作精神的个人或组织发布在互联网上的开放课程。这一大规模在线课程于 2011 年秋天开始掀起风暴，来自 190 多个国家的约 16 万名学生同时注册学习斯坦福大学的《人工智能导论》免费课程，引起了全球巨大的关注，被誉为"印刷术发明以来教育最大的革新"，呈现出"未来教育"的曙光。2012 年，三大 MOOC 平台，即哈佛大学与麻省理工学院联合创办的 Edx，斯坦福大学、普林斯顿大学与宾夕法尼亚大学等联合创办的 Coursera 和斯坦福大学创办的 Udacity 依次诞生，成为当今规模最大、最有影响力的 MOOC 平台。劳拉·帕帕诺（Laura Pappano）在《纽约时报》发表文章 *The Year of the MOOC*，称 2012 年为"MOOC 元年"，并预测 MOOC 将推动高等教育革命，甚至取代实体大学课堂。

除了这三大 MOOC 之外，2013 年英国开放大学也开发了自己的 MOOC 平台 Futurelearn，2013 年 4 月欧盟的 OpenupEd

正式启动,日本成立的 JMOOC 平台于 2014 年开始提供网络授课内容。

## MOOC 来到中国

网络使世界同步,在 MOOC 这件事上中国紧跟世界潮流。2013 年 5 月,清华大学加入 Edx,10 月 10 日正式推出 MOOC 平台"学堂在线"(xuetangx.com),开放了 27 门 MOOC 课程,同时引进了哈佛、麻省理工、加州伯克利、斯坦福等世界一流大学的优秀 MOOC 课程。2013 年 6 月,北京大学加入 Edx 和 Coursera,9 月 23 日其 MOOC 网站(mooc.pku.edu.cn)上线,目标是在五年内开发 100 门网络开放课程。随后,上海交通大学、复旦大学也与 Coursera 签约合作,并在 Coursera 平台发布课程。此外,上海高校课程共享中心、中国东西部高校课程共享联盟、中国大学 MOOC 等平台纷纷创立,打破了校际和区域间的壁垒,以承认学分的方式为国内学生提供更加丰富的优质课程。

不但国内的高校在积极行动,企业界也对在线教育倍加关注,百度、网易、腾讯等互联网巨头都纷纷涉足在线教育领域。2013 年,优酷宣布与 Udacity 达成合作,而网易公开课则与 Coursera 开展战略联盟。同年，果壳网的"MOOC 学院"（mooc.guokr.com）上线，第一天就有 15762 人成为首批用户，一年内注册用户便超过 50 万，并与联合国人口基金、万科公益基金会、阿克苏诺贝尔等合作推出"MOOC 学院奖学金计划"。此外，以"天下名师皆我师"为宣传语的超星 MOOC 也应运而生。

"MOOC 的出现，打破了大学围墙的界限，引发了教育方式的深刻变革，它将为解决我国优质教育资源不足，促进教育公平，提高教育质量，建设终身学习体系提供新的途径。"[①]

## MOOC 遇见图书馆

图书馆是社会教育的大课堂，是建设学习型社会的重要阵地。吴慰慈教授在《图书馆学概论》中曾指出："开发智力资源，进行社会教育，是图书馆的客观作用。"[②] 面对互联网革命掀起的全球信息化浪潮，及大众阅读习惯、学习模式的转变和新的文化需求，图书馆界迅速关注到了 MOOC 这种全新的知识传播模式和学习方式。

---

① 于爱华：《MOOC 时代背景下的图书馆服务模式创新研究》，《图书馆学研究》，2014 年第 21 期。
② 吴慰慈、邵巍编著：《图书馆学概论》，国家图书馆出版社，2013 年，第 63 页。

"2012年6月,弗吉尼亚理工大学图书馆馆员Brian Mathews发表博文,对MOOC主流环境下的馆员工作提出建议,认为馆员可以通过参与MOOC的建设,提升图书馆的地位和影响力,成为研究MOOC背景下图书馆服务的先行者。"[1]

2013年3月18日,联机计算机图书馆中心(OCLC)举办了"MOOC和图书馆:众多的机会还是巨大的挑战?"的专题研讨会,大部分与会学者认为图书馆应当积极参与MOOC,并将发挥不可或缺的作用。2013年9月至12月,美国图书馆协会(ALA)图书馆馆藏与技术服务分会(ALCTS)举办了主题为"为MOOC做准备:为什么图书馆应该关注"的网络研讨会,旨在帮助图书馆员了解MOOC运动的复杂性,学习如何辅助学生和教师参与MOOC,熟悉与MOOC有关的版权和知识产权要求,了解MOOC的前景等。伊利诺伊大学香槟分校图书与信息科学研究生院副院长Linda C. Smith教授指出,"图书馆可以通过多种方式为MOOC做出贡献,如参与版权、许可和开放存取问题的讨论,为课程设计和制作提供帮助,甚至是将图书馆员'嵌入'MOOC环境中,从而向

---

[1] 于爱华:《MOOC时代背景下的图书馆服务模式创新研究》,《图书馆学研究》,2014年第21期。

学习者提供信息支持"[①]。

在实践方面，美国洛杉矶公共图书馆、维克森林大学的Z. Smith Reynolds图书馆、杜克大学图书馆的版权与学术交流办公室、斯坦福大学图书馆、加州大学伯克利分校图书馆MOOC项目工作小组等走在了前面，它们积极参与到MOOC之中，甚至开设了自己的MOOC课程。2013年2月，时任英国首相卡梅隆表示乐见大英图书馆加入由英国开放大学牵头、诺丁汉大学等多家高校参与、由FutureLearn公司提供技术支持的MOOC平台。2014年2月，大英图书馆开启了全球国家图书馆提供MOOC开放课程的先例。课程内容委托FutureLearn公司制作，在开放学习平台上提供免费服务。

2014年9月1日，武汉大学黄如花教授在中国大学MOOC官网上开课，讲授"信息检索"，图书馆界称"第一门图书馆学人的MOOC来了！"

2015年4月23日，在第20个"世界读书日"，国家图书馆推出了"国图公开课"，以传承和弘扬中华优秀传统文化为核心，强调内容的开放、自由、多元和交融，以期提高

---

① 陆美：《美国图书馆应对MOOC的策略及启示》，《图书馆》，2015年第3期。

国家图书馆的资源利用率和服务效能。自此，国家图书馆成为我国第一个利用 MOOC 平台推出开放课程的公共图书馆，为其他公共图书馆利用 MOOC 平台开展服务提供了参考和借鉴。"国图公开课"依托国家图书馆海量馆藏资源，以专题形式推送多种形态的学习资源，采取线上线下相结合的互动模式，为社会公众的终身学习和全面发展提供内容丰富、结构系统、教学优质的国民通识在线课程，打造互联网时代图书馆社会教育与阅读推广服务平台。从创办至当年年底的 8 个月中，"国图公开课"发布课程 913 种，页面点击量达到 224 万。据不完全统计，"国图公开课"上线后的 4 个月内共有媒体原发报道 107 篇，重要网络媒体转载报道 157 篇。特别是在抗日战争胜利 70 周年之际，"国图公开课"推出的"抗战十讲"专题课程，有 60 多家媒体进行了报道或转载，《人民日报》《光明日报》《文化报》等多家报纸进行了深度报道，国际广播电台用日语、意大利语和越南语采访对外播出，北京电视台、中国教育电视台、央广新闻中国之声、文艺之声等多家媒体进行了大规模宣传。2018 年年底，人民网公开课频道发布"国图公开课"系列课程，为全国 29 个省市 500 余所高校，110 余万注册学生及 11000 余名教师提供教学服务。

# 第九章　互联网时代的教育变革：网络公开课

## 为什么说 MOOC 是教育的革新？

从时间和空间看，MOOC 突破了时空的局限，人们无需封闭于教室之中就可以借助网络技术进行学习。当然，这还不是 MOOC 独有的特点，因为包括 MOOC 在内的在线教育都具备这一优势。随着手机、Pad 等便携移动设备的发展，随时随地学习 MOOC 课程变得更加便利。

从服务对象看，MOOC 的出现让优质教育资源不再是精英院校学生的专利而是面向所有人开放，每一个有学习需求的人都可以享受平等的教育。这与公共图书馆所秉承的理念是一致的。MOOC 没有入学资格选拔，不会在接受教育之前就把人排斥在外，只要学有所获、完成作业并通过考试就能获得认证。在三大 MOOC 平台中，Coursera 和 Udacity 为营利性，Edx 为非营利性，但三个平台的考试都需要付费。

从教学形式看，完整的 MOOC＝视频课程＋在线作业＋在线考试。视频课程优于一过性的现场教学，课程可以反复回看，当然也可以快进浏览，学习者可以根据课程的难度和自己的接受能力自行掌控。视频内容按知识模块组合，以教师讲解为主，并配有图片、表格和动画等课件演示。视频中通常会嵌入测试题目或作业，还可能包括课后测验题、同伴评价、课程讨论等。MOOC学习的评价方式不仅局限于教师评价，还包括平台的批改、反馈与学生互评机制。对于想取得课程证书或学分认证的学生，必须完成作业并通过考试。

从互动性看，与传统教育相比，MOOC更多依靠学习者自身的主动性，而缺乏师生之间及同学之间面对面的交流。不过，这一弱点通过在线交流、监督和学生互评机制可在一定程度上得到弥补。

## 公共图书馆如何做好网络公开课？

在高校、科研单位、企业等诸多机构纷纷进军MOOC之时，公共图书馆如何发挥自身优势，做好网络公开课呢？

第一，在自主开发课程的同时引进资源。公共图书馆举办网络公开课的优势之一在于可以依托丰富的馆藏资源和积累多年的阅读推广资源，自主开发设置精品课程。这既丰富了自建数字资源，又可以向读者提供独具特色的学习内容。与此同时，公共图书馆也应引入国内外其他大型MOOC平台的优质课程资源，不断丰富MOOC的服务内容。MOOC从诞生之时起就带有开放、共享的鲜明特色，并非一家之事或一个行业的事。不仅要在图书馆界开展合作、共建共享资源，

## 第九章 互联网时代的教育变革：网络公开课

还要最大限度地利用、引进其他行业和机构的资源，减少重复建设，提高公共图书馆网络公开课的水平。

第二，不仅要提供视频课程还要实现在线互动。公共图书馆网络公开课以传播优秀文化、提高公众生活品质为目标，有利于促进终身学习和公平教育。但公共图书馆由于没有高校的学历教育资质，其公开课难以建立在线评价、监督、交流机制和实现在线作业、考试、认证功能。这就使得公共图书馆的网络公开课停留在早期公开课的状态，如同"百家讲坛"之类的电视讲座、在线讲座，只有知识的单向传播，缺乏交流互动，缺少评价、考试和认证。公共图书馆能否在这方面有所突破，是制约其公开课继续发展的关键问题。天津城建大学图书馆许征尼馆长曾指出："第一代公开课的一大弊端就是不能在学生和授课教师之间建立起类似于大学课堂式的互动。"[①] 他同时还洞察到："网络课程的结课证明能否获得普遍认可是衡量公开课本身存在价值的关键指标。"[②]

第三，不但要有课件嵌入还要有深度链接。网络公开课

---

[①] 许征尼：《网络公开课环境下图书馆的角色——以 MOOCs 为视角》，《情报资料工作》，2015 年第 4 期。
[②] 同上。

大多会在视频课程中嵌入图片、表格和动画等课件，但这只能称为标配而非特色。公共图书馆网络公开课的优势在于立足馆藏资源建立深度链接，实现课程与馆藏图书、期刊、报纸、音像制品、数字资源的关联，帮助读者建立较为完整的知识体系。例如，国家图书馆官网的"文津搜索"功能，只要输入关键词就可以实现图书、论文、词条、多媒体、期刊报纸等各个类型的检索。以此为参考，公共图书馆可以为网络公开课绘制知识地图、知识树，利用知识关联对现有资源进行深层次的组织加工。英国著名情报学家布鲁克斯（B. C. Brookes）在情报学界第一个提出了运用认知地图原理组织知识的设想，他的愿望是，按知识的逻辑结构找出人们思维的相互影响的链接点，把它们像地图一样标示出来，展示知识的有机结构。通过绘制知识地图、知识树，为用户提供更便捷的学习路径和导航指引，可以完善图书馆在线信息资源结构，提升用户的知识存储量，进而促进知识传播。

　　第四，既要有通识课程还要有特色课程。当前的公共图书馆网络公开课往往定位为提供成体系的国民通识教育课程，而主讲专家所任职的高校和科研机构很可能也在开办MOOC。虽然专家可以在不同MOOC平台上开课，但一方面

## 第九章 互联网时代的教育变革：网络公开课

会造成资源重复建设，另一方面毕竟高校和科研机构邀请自己的专家开课相对更为便利。这就要求公共图书馆在策划课程时需要结合自身的特色、找到自己的方向。例如"国图公开课"的读书推荐栏目、典籍鉴赏栏目等就具有其他行业不可比拟的优势。同时地方文化也是公共图书馆网络公开课的独有选题，打造地方文化特色课程，不仅是城市宣传的需要，也是图书馆作为人类文化遗产的保存者、传承者理应承担的责任。

第五，处理好免费开放与版权保护的关系。"用户免费、图书馆买单"是公共图书馆阅读推广项目的基本模式，网络公开课也是如此。免费开放的基础是资源利用和获取权限的开放。网络公开课在策划制作的过程中除了其他成本投入之外，版权使用费也是必需的支出。多年来国内的专家出于对公共图书馆事业的支持，大多会在版权使用费很少甚至完全没有的情况下就签署课程的拍摄、编辑和使用授权，对此事不太看重。但随着网络传播力量不断增强，专家的版权意识也逐渐提高。网络公开课的使用途径主要是网络传播、共享，存在着侵权的风险。即便获得专家的长期使用授权，公共图书馆也应该注意使用的范围和边界，在传播和共享过程中主动维护专家的合法权益。除此之外,在网络公开课制作过程中所使用的图片、音乐、视频等课件素材以及相关的图书、论文、词条、多媒体、期刊报纸同样涉及版权问题,需要在课程发布之前做好版权清查工作,确保课程内容和资料的运用不侵犯他人版权。

第六,培养专业人才。公共图书馆若要确保网络公开课的高品质,必须培养专业人才。对于图书馆自主开发的课程来说,从事策划的馆员只有具备相关学科的知识才能胜任这项工作。而馆员不可能具备每一门课程的背景知识,这就需要付出大量时间和精力来"补课"。为课程匹配课件素材和关联深层链接的后期制作环节,更加考验馆员的专业水准。同时馆员还要具备资源向导的能力,成为专业的课程使用指导者,这类似于课堂教学的辅导员角色,协助授课教师服务受众,组织课程中的在线问答、讨论、作业和考试等。

# 第十章　每个人的阅读推广：新媒体的运用

2008年12月朱祖希先生《营国匠意——古都北京的规划建设及其文化渊源》获得第四届文津图书奖的时候，微博和微信还没有诞生。

2009年8月新浪网推出"新浪微博"内测版，成为门户网站中第一家提供微博服务的网站。2011年12月2日新浪微博的网友首次推送《营国匠意——古都北京的规划建设及其文化渊源》这部著作，引起相关专家的转发，此后又有许多微博网友发表关于该书的内容介绍并给予好评。2011年12月3日作为"同享阅读快乐"图书漂流活动的后续宣传，京港地铁官方微博推送了该书。2012年微博网友发布了朱祖希先生担任全国公共图书馆讲座联盟专家，做客"国图·山东大众讲坛"，讲授"中国古代都城的最后结晶：明清时期的北京"的消息。2016年4月14日国家图书馆官方微博发布"国图公开课读书推荐：《营国匠意》"。

2011年1月腾讯推出消息应用程序,命名为"微信";2012年8月公众平台正式上线。网友可以在微信平台搜索到大量关于朱祖希先生和《营国匠意——古都北京的规划建设及其文化渊源》的信息。2016年4月13日国家图书馆微信公众号发布"国图公开课读书推荐:《营国匠意》",阅读量为1270余人。2018年有商家在微信发布"预售《北京城》(文津图书奖得主朱祖希先生全新力作)"的售书信息。

随着新媒体的发展,图书馆借助微博和微信公众号推出了丰富多彩的阅读推广项目,大大改变了图书馆阅读推广的样貌。

## 新媒体与图书馆

随着信息时代的到来,图书馆传统的服务理念和服务方式发生了很大的改变。互联网的发展催生出新媒体的繁荣,改变了知识信息传播的效率、范围和规模。新媒体的出现虽然给图书馆传统业务造成冲击,但其带来的更加广阔的阅读时空、海量的知识信息和平等享有知识信息的权利,不正是图书馆所追求的崇高理想吗?

同时,新媒体也为图书馆阅读推广的发展带来了机遇。早在"2014中国数字图书馆可持续发展研讨会"上,与会者

## 第十章 每个人的阅读推广：新媒体的运用

已经提出，移动互联网的高速发展改变了读者的阅读方式，亟需研究如何利用移动互联网提升图书馆的服务能力，将图书馆真正地推送到读者面前，满足读者不受时间、空间限制进行学习和阅读的需求。在目前阅读群体迅速分化的背景下，各种新兴的社交软件成为图书馆阅读推广的新阵地。

中国互联网络信息中心发布的第四十一次《中国互联网络发展状况统计报告》显示，截至2017年12月，我国网民规模达7.72亿，普及率达到55.8%，超过全球平均水平4.1个百分点，超过亚洲平均水平9.1个百分点。其中，手机网民规模达7.53亿，网民中使用手机上网人群的占比由2016年的95.1%提升至97.5%。台式电脑、笔记本电脑、平板电脑的使用率均下降，手机不断挤占其他个人上网设备的使用[1]。

2018年4月中国新闻出版研究院发布了第十五次全国国民阅读调查报告，超过半数成年国民倾向于数字化阅读方式，成年国民人均每天微信阅读时长为27.02分钟。另外，在数字化阅读方式接触者中，18—49周岁的中青年群体是数字化阅

---

[1] 参见《2017年中国网民规模达7.72亿 手机网民占比97.5%》，前瞻数据库，2018年2月1日，https://d.qianzhan.com/xnews/detail/541/180201-fb1ee02d.html。

读的主要人群[①]。运用微信等新媒体平台的阅读已经在人们的生活中扮演了非常重要的角色。

新媒体有广义和狭义之分,广义的新媒体就是以数字技术为基础、以网络为载体进行信息传播的媒介。新媒体区别于报纸、杂志、电视、广播等传统媒体,因此严格地说,这个意义上的新媒体应该称为数字化新媒体。而现在人们所说的新媒体往往是就狭义而言的,特指自媒体,是一种以去中心化观念为代表的媒体和传播形式。它正处于快速发展之中,新的新媒体媒介不断涌现,所以不能将新媒体仅仅等同于微博、微信,但微博和微信的确是新媒体的成功案例和典型代表。

新媒体具有形式丰富、互动性强、渠道广泛、覆盖率高、传递精准、性价比高、推广方便等特点,其关键在于,人人都可以是信息的生产者,人人也都可以是信息的评论者和传播者。换句话说,新媒体是所有人对所有人进行传播。报纸、杂志、广播、电视、广告等传统媒体由制片、编辑、主持等专人充当生产者,信息基本都是从生产者向受众单向传播。而在微博、微信、头条、直播等新媒体平台上,每个人都可以

---

[①]《第十五次全国国民阅读调查报告发布》,光明网,2018年4月26日,http://difang.gmw.cn/bj/2018-04/26/content_28501017.htm。

# 第十章 每个人的阅读推广：新媒体的运用

生产自己的信息内容，同时每个人都可以对别人生产的信息表达自己的观点、与信息生产者互动，例如评论、点赞或者"@某人"（对某人说或者引起某人的注意）等，同时还可以转发，成为信息的传播者。

从前图书馆做业务宣传只能通过报纸、杂志、广播、电视等传统媒体实现，在新媒体时代图书馆自身也可以成为媒体，通过新媒体平台直接"发声"，为读者提供资源、与读者互动、被读者传播，这为阅读推广的开展提供了更便捷更有效的方式。

## 图书馆开展新媒体阅读推广的必要性

面对新媒体带来的机遇和挑战，图书馆有必要利用新媒体更好地开展阅读推广。

其一，新媒体符合读者的阅读需求。首先，对便利性的需求。科技的发展使信息实现了瞬时传播，虚拟距离缩短到几乎可以忽略不计。人们越来越依赖于这种随时随地获取知识信息的便捷，过去通过十年寒窗苦读才能积累在大脑里的内容，现在只需拿起手机、动动手指甚至发句语音就能够解决。其次，对个性化的需求。阅读的个性化需求是人的个体差异在阅读上的反映。尊重人的个体差异与图书馆倡导的"每一个人都有平等享受公共图书馆服务的权利"是高度一致的，因此满足读者的个性化需求也正是图书馆的追求。新媒体使每个人都有机会成为信息的生产者、评论者和传播者，这造就了新媒体丰富多样的海量信息，也奠定了新媒体成为阅读推广平台的基础。再次，对社交性的需求。当今的读者已经不甘于只作为知识信息的接收者而存在，在各种阅读推广项目中越来越表现出强烈的参与、表达、互动和交流的愿望。不受时空限制的新媒体传播可以更好地满足读者的这些愿望，随时随地的学习与交流真正令知识信息流动起来。

其二，新媒体符合阅读方式的变化。一方面，关于纸质阅读与数字阅读的争论一直存在。到底哪种阅读方式更好呢？答案最终还要取决于每一位具体的读者。或许，两种阅读方式都是必要的。2018年4月，中国新闻出版研究院发布的第十五次全国国民阅读调查报告显示，"虽然2017年我国成年国民人均纸质图书、期刊的阅读时长有所增加，但纸质媒介的阅读时间整体较短，人均每天读书、读报和读期刊的时间

## 第十章　每个人的阅读推广：新媒体的运用

加总不及人均每天手机接触时长的一半"[①]。2017年一项关于上海市民阅读状况的调查则表明：纸质阅读连续五年占据选项首位，所占比例近四年逐渐提高。与此同时首选"数字阅读"的读者数量也在快速增加，"获取便利"是最大优势[②]。另一方面，数字阅读的移动化倾向明显。"手机是数字阅读的首选工具，数字阅读几乎全民参与。"[③]经过短短十几年的发展，手机已经从原先功能单一的通讯工具变成了现在集社交、学习、娱乐、支付、拍照、存储、阅读等多重功能于一体的强大设备。人们随身携带手机就如同同时携带了电视机、游戏机、钱包、照相机、移动硬盘、图书等很多东西一样，这种高度便利的特点也使手机成为人们阅读的首选。

其三，新媒体符合数字出版和数字图书馆的发展趋势。随着我国著作权保护环境的改善，我国数字出版市场逐渐得到规范，长期以来国内外出版社和作家不愿授权作品出版电子书的状况开始改变。2016年《哈利·波特》《冰与火之歌》

---

[①]《第十五次全国国民阅读调查：成年人接触报刊图书时长不及手机一半》，人民网，2018年4月24日，http://media.people.com.cn/n1/2018/0424/c14677-29944888.html。
[②] 参见《纸质阅读时长下降两年后首次反弹》，人民网，2017年8月9日，http://nx.people.com.cn/n2/2017/0809/c192474-30587971.html。
[③] 同上。

等系列作品电子书在国内面世；2017年，掌阅斥资100万元购买《围城》独家数字版权；2018年年初，村上春树新书《刺杀骑士团长》中文版首次尝试纸电同步发行；2018年5月，《百年孤独》简体中文电子版首次在国内上架并全球首发。同时，调查显示，市民对于数字阅读的付费意愿上升，"只看免费的"比例逐年下降。业内人士分析称，这表明数字阅读以其检索便捷、定位准确满足了读者需要，改变着大众的阅读习惯；数字读物若能做到题材类型符合口味，内容质量上乘，形式丰富多样，更新速度快、价格合理、性价比高，独家首发，广告少而阅读体验好，阅读者接受付费数字阅读会是一个必然趋势[①]。数字出版的向好趋势带动了数字图书馆协同发展，同时也对数字图书馆资源建设、改善数字阅读的用户体验、改进数字阅读的服务方式等提出了要求。这种情况下，固守传统的阅读推广模式已经不合时宜，必须将传统阅读推广与新媒体阅读推广结合起来，才能够适应形势发展，满足读者需求。

---

① 参见《纸质阅读时长下降两年后首次反弹》，人民网，2017年8月9日，http://nx.people.com.cn/n2/2017/0809/c192474-30587971.html。

# 第十章　每个人的阅读推广：新媒体的运用

## 国家图书馆阅读推广的新媒体运用

目前，国家图书馆已经运用新媒体在阅读推广方面实现了一些功能。

其一，微博、微信公众号和客户端。

微博。经过认证的国家图书馆及所属部门运营的新浪微博有国家图书馆官方微博、国图少儿馆、国家图书馆数字共享空间、国图经典文化推广、国图法律参考阅览室、中国记忆项目等。未申请认证但实际由国家图书馆所属部门运营的微博有国图中文外借、国图外文文献服务、国图古籍保护实验室、国图展览小分队等。同时也有国图艺术中心、国图音乐厅等馆属企业运营的微博。截至2018年6月底，国家图书馆官方微博"粉丝"总数为23万人。

微信公众号。2014年，国家图书馆在第19个"世界读书日"正式推出微信公众号。此外以国家图书馆作为账号主体的微信公众号还有掌上国图、文津阅读、国家图书馆培训中心、数字图书馆推广工程、国家古籍保护中心、全国图书馆参考咨询协作网等，分别由信息技术部、社会教育部、数字资源部、古籍保护中心、参考咨询部具体负责。文津街7号、国图少儿馆、典籍博物馆等微信公众号虽然以个人作为账号主体，但实际也由国家图书馆所属部门具体负责,并且"粉丝"数量比较大、内容比较丰富,是运营相当成功的阅读推广公众号。此外,还有国图艺术中心、国家图书馆出版社、国图北图艺术培训等微信公众号以馆属企业作为账号主体,由这些企业具体运营,同样以阅读推广为主要内容。截至 2016 年年底,国家图书馆官方微信用户近 11 万人,该年新增用户 6 万余人,与 2015 年相比增长 134%。2016 年、2017 年,国家图书馆微信公众号两度入选由中国新闻出版传媒集团和中国公民阅读媒体联盟举办的"大众喜爱的 50 个阅读微信公众号"推荐名单。

客户端。目前有国家数字图书馆、国家典籍博物馆等。

此外,国家图书馆与京港地铁合作的"M 地铁·图书馆",不需要下载安装特定软件,不需要注册登录,只要通过扫描车站和车厢内的二维码就可以直接通过网页进入资源库,免费阅读国家图书馆开放的优质资源。

大量的微博和微信公众号在揭示文献、推送服务、倡导全民阅读方面发挥了很好的作用,但也带来了管理上的困难。2018 年 12 月起,国家图书馆对微博、微信服务公众号进行统一管理,上述大部分微博和微信公众号关闭并注销。

其二,功能实现。根据图书馆借助微博和微信发布的内容,

## 第十章 每个人的阅读推广：新媒体的运用

可以将其阅读推广功能归纳为三类。

第一类为发布知识性内容，例如国家图书馆微信公众号的"馆藏品鉴"栏目向读者展示馆藏精品文献并介绍相关背景知识，至今已推送元刻本《五服图解》、南宋初刻本《尔雅注》、宋刻本《毛诗诂训传》二十卷、文津阁四库全书本《松弦馆琴谱》、宋余仁仲万卷堂本《礼记》、敦煌写本《贞观姓氏录》等50余种文献，以"微展览"的形式实现了新媒体阅读。国家图书馆官方微博除上述"馆藏品鉴"栏目之外还有："文津经典诵读"栏目每天推送一首古诗词和一句古代格言，并配有译文、朗诵音频、文献出处和馆藏链接；"书刊介绍"栏目推介包括文津图书奖获奖图书和推荐图书在内的优秀书刊，提供内容简介、出版信息和馆藏链接；"外文文献推介"栏目每天介绍一种外文期刊，并结合"历史上的今天"介绍一部外文图书，提供馆藏链接；"每周一库"栏目每周推荐一个国家图书馆提供读者使用的数据库，包括数据库的基本情况、资源介绍、使用方法和链接。"M地铁·图书馆"，通过扫描车厢内二维码就可以在线阅读资源库里的电子书。

第二类为公告，例如国家图书馆微信公众号的讲座预告、展览预告、影讯和其他阅读推广活动预告，及读者招募，节假日开馆安排，征文、评选等活动通知和结果发布等。国家图书馆官方微博也发布上述公告，此外还以"文化播报"栏目发布其他图书馆、博物馆等文化机构的活动预告。

第三类为新闻，例如国家图书馆微信公众号的"国图新闻"和"业界动态"两个栏目发布国家图书馆和国内外图书馆界的新闻动态等。

目前已经有许多图书馆以微博和微信公众号等新媒体方式进行阅读推广，发布内容也与国家图书馆相似，同时具备与读者交流互动的功能。

## 新媒体阅读推广的成功案例——文津经典诵读

国家图书馆主办的阅读推广项目"文津经典诵读"自2012年8月推出以来，已成为传播优秀传统文化、引领经典阅读的品牌。截至目前，该项目以每日一诗词一格言的形式向读者推送了4000余首（句）经典诗词和美德格言，策划举办"文津经典诵读"系列讲座20余场，先后举办线上读诗、诗歌吟诵会、诗词有奖竞答、古诗词原创作品征集及展览、工作回顾展等丰富多样的活动，以此倡导经典阅读，弘扬传统文化。该项目对于提升读者的人文素养，提高读者的审美

## 第十章 每个人的阅读推广：新媒体的运用

能力，陶冶高尚的道德情操，传承优秀传统文化，推动文化创新，起到了很好的作用。项目自开办以来持续受到读者的认可与欢迎，同时得到学界、媒体的广泛关注和好评。

"文津经典诵读"项目之所以能获得成功，是多方面原因综合作用的结果。

其一，"文津经典诵读"项目立足经典、传播传统文化，满足了读者对阅读内容的需求。经典能够跨越时间的长河不断焕发出其魅力，体现出一个民族文化的根本价值。近年来，传统文化和经典阅读的热度持续提升。"文津经典诵读"开办以来的 6 年刚好处于这一时期。在工作、生活高速运转带给人们的普遍焦虑中，传统文化给人们带来一种精神的慰藉。2016 年首播的以"赏中华诗词、寻文化基因、品生活之美"为基本宗旨的"中国诗词大会"栏目"走红"，成为"现象级"综艺节目，说明大众对传统文化的渴求。即便当今国人浸淫于网络语汇，但对传统文化中最精致的文字仍然心存向往。

其二，"文津经典诵读"项目适应了新媒体阅读的特点，很好地利用了读者的碎片时间，但进行的却是深度阅读。"文津经典诵读"的推送方式包括国家图书馆官方微博、微信公众号等新媒体。古代诗词、格言以精练短小者为多，配合译文和诵读音频,帮助读者深入理解品味其中的含义、美感和意境。读者不需要太多时间就可以方便地阅读和学习,这证明数字阅读并不等同于所谓的"浅阅读",数字阅读也可以读得深。周国平先生曾指出:"纸质产品和数字化产品只是形式不同,关键在内涵,从网络上读孔子和柏拉图与从纸质书上读没有本质区别。"[1] 他同时表示:"以我之见,阅读就是阅读,世上并无浅阅读,所谓浅阅读不是阅读。"[2] 确实,把看手机、Pad 全都纳入阅读是一种误区,把数字阅读等同于"浅阅读"也是一种误区。通过微博、微信推送的古诗词虽短,却是深度阅读,娱乐节目视频、真人直播秀、八卦、段子再长也根本不是阅读。

其三,"文津经典诵读"项目的"日报式"推送方式,以持续性培养读者的阅读习惯。6年来,"文津经典诵读"每天推送一首古诗词和一句古代格言,几乎没有重复,这使得读者熟悉的名篇基本都已推送过。因此需要进一步深入发掘,在读者未必熟悉的作品中遴选经典,使读者每天都有新的阅

---

[1] 周国平:《世上并无浅阅读》,周国平博客,2011年9月9日,http://blog.sina.com.cn/s/blog_471d6f680102dt3t.html。
[2] 同上。

读内容，同时也拓宽了读者的视野，提高了读者的古典文学水平。

其四，"文津经典诵读"项目推送的古诗词注重结合节日、节气、季节、纪念日等时间点，加强了生活实用性和趣味性，从不同的角度展现传统文化，带给读者深度思考和人文情怀。

其五，线上线下活动的配合，加强了与读者之间的互动，搭建了读者自我表达、展示的平台，满足了读者对新媒体的社交性需求，为"文津经典诵读"项目注入了活力。

2016年春节，"文津经典诵读"举办线上新春读诗活动，引导读者过一个充满诗意的书香年。

2017年3月21日"世界诗歌日"，国家图书馆举办"文津经典诵读"诗歌吟诵会，旨在弘扬中国传统文化，展现世界经典魅力，鼓励诗歌朗诵和创作。为加强与读者的互动，活动现场邀请了吟诵专家、著名诗人、外籍友人、学者等不同领域的嘉宾，用多种艺术形态带领读者领略经典诗歌的魅力。整场活动主要包括四个部分：第一部分古风雅颂，由来自上海的"风雅中国"诗歌演唱团、成都的古琴演奏家黄明康女士和北京师范大学的南山诗社带领读者从诗词、琴音、歌声中充分领略东方雅韵；第二部分文津诵读，旨在从"为你读诗"走向"大众读诗",向线上读诗活动中选拔出的优秀朗读者颁发"文津经典诵读"志愿者证书,并邀请他们在现场朗诵经典诗篇;第三部分世界经典,分别邀请北京语言大学的俄罗斯留学生、2014年"汉语桥"全球外国人汉语大会总冠军大卫,北京大学的印度籍博士留学生魏汉,英国剑桥大学学生石奥力等用中外双语演绎世界文学巨匠的经典之作;第四部分诗人雅集,由几位当代诗人以对话的形式畅谈诗歌创作的种种机缘妙趣,讲述对于诗歌和人生的思考。此外,作为本次"世界诗歌日"的活动内容,"国图讲坛"还推出了"清音独远——琴与诗的美学意蕴""中国歌诗中的人文精神"两场讲座。讲座现场座无虚席,嘉宾抚琴而歌,听者为之动容,读者热情高涨,互动热烈。

2017年12月,"致敬经典·古韵弥新——'文津经典诵读'五周年系列活动"开启。22日冬至当天,"致敬经典·古韵弥新"古诗词原创作品征集活动正式启动。25日,"文津经典诵读"五周年回顾展开展。

2018年5月28日,国家图书馆举办"致敬经典·古韵弥新"古诗词原创作品选展。古诗词原创作品征集活动得到了广大读者的积极响应和热情参与,收到原创诗词作品总计500余首。

经过评委讨论和大众投票,最终产生了 10 首"最受读者喜爱的优秀作品"以及 10 首"最受评委青睐的优秀作品"。这 20 首优秀作品和 5 位评委的诗词作品由书法家书写,以书法作品的形式将诗词作品呈现给广大公众。"飞瀑出崖穴,疑似地中泉。高悬白练,云壁如削刺青天。""架上床头耽意趣,卷途纵览短长程。""瑶苑里,上湖东,肯如旧地恋双瞳?""桑田几度成沧海,巨鳌千年亦细蟒。""风瑟瑟,雪蒙蒙,夜雍雍。柳绵曳处,花雪融浑,月挂苍穹。"……获奖作品题材广泛,不乏文辞雅丽、格律工整的妙章佳句。这次展览为"文津经典诵读"五周年系列活动画上了圆满的句号。

## 图书馆运用新媒体开展阅读推广的重点

在图书馆运用新媒体开展阅读推广时应从哪些重点入手呢?

其一,以读者需求为中心。新媒体充斥着海量信息,资源提供方式灵活多样,读者的选择非常之多。图书馆倘若不主动了解读者的需求,不从读者需求出发开展阅读推广,固守图书馆传统服务模式不变,导致缺乏便利性、个性化、社交性,就难以得到读者的关注和接受。

其二，以分众模式建设新媒体阅读资源。图书馆要结合自身馆藏资源优势，研究、细分读者，更加精准地满足读者的个性化阅读需求。在此方面图书馆需向一些网上书店学习，运用大数据平台分析读者需求，强化新媒体阅读推广的针对性和有效性。"据说，亚马逊销售额的 1/3 都是来自于它的个性化推荐系统。"① 可见，认真对待读者的行为数据并加以科学分析，可以更好地发挥出新媒体阅读推广的服务优势。

其三，新媒体本身具有宣传作用，但对于图书馆开展新媒体阅读推广这件事也要进行宣传。首先，可以借助图书馆阅读推广品牌项目来宣传，在讲座、展览、公开课、图书漂流、地铁图书馆等阅读推广项目开展的过程中，让更多的读者了解图书馆的新媒体阅读推广。其次，借助线上线下相结合的方法进行宣传，线上可以通过发布优质的内容以及由此带来的转发量吸引更多读者的关注，线下可以在图书馆内适当的空间通过展示新媒体阅读推广达到宣传的效果。

其四，重视解决新媒体推送内容的版权问题。目前新媒体推送的内容中有很大一部分是转发，这就涉及著作权问题。

---

① 李进：《大数据背景下的模式演变》，《新闻战线》，2014 年第 4 期。

## 第十章 每个人的阅读推广：新媒体的运用

即使是原创作品，其中使用的图片、音视频等素材也有可能存在侵权隐患。这就要求图书馆一方面提高版权意识，事先解决版权问题，避免版权纠纷；另一方面丰富自建数字资源，开发原创内容，用于新媒体阅读推广。

其五，培养专业的新媒体运营人。目前图书馆的新媒体运营人通常不是专职人员，而是由其他工作人员兼顾。随着新媒体的发展和阅读推广事业的发展，馆员逐渐意识到图书馆也需要营销，而营销需要专业人员。培养专业的新媒体运营人有利于对新媒体进行有效管理，对资源进行挖掘、建设和整合，增强新媒体阅读推广的针对性和有效性。

# 第十一章　未来正来，将至正至：
## 大数据时代的阅读推广

自2008年《营国匠意——古都北京的规划建设及其文化渊源》获得文津图书奖时起，作者朱祖希先生便积极投身到阅读推广事业之中，通过倡导阅读、推广阅读，普及自己的研究成果。2012年国家图书馆开馆接待读者100年时，朱祖希先生在《光明日报》发表文章《乐做国图"编外"员工》，他说："国图是读者的'国图'。我这个'编外'虽已年逾七旬，但我对传播文化、普及知识，并使之发扬光大的事乐此不疲，我愿意让更多的人来分享业已取得的研究成果。我期待着，国图的听众乃至'编外'员工越来越多！"2014年在全国第16次社科普及工作经验交流会上朱祖希先生获评"全国优秀社会科学普及专家"。如今，朱祖希先生已年逾八十，但他仍笔耕不辍，近年来又陆续出版了多部力作。如何将这些作品精准地推送到读者面前、使阅读推广更好地满足读者的个性化需求，正在到来的大数据时代为此提供了可能。

# 第十一章　未来正来，将至正至：大数据时代的阅读推广

"国图讲坛"自2013年开始推出"大数据研究"系列讲座。以大数据为主题的图书连续入选"文津图书奖"，包括第八届推荐图书《大数据》（涂子沛著）、第九届获奖图书《大数据时代：生活、工作与思维的大变革》（〔英〕维克托·迈尔·舍恩伯格、肯尼斯·库克耶著）、第十届推荐图书《数据之巅：大数据革命，历史、现实与未来》（涂子沛著）和《颠覆医疗：大数据时代的个人健康革命》（〔英〕埃里克·托普著）。大数据成为图书馆阅读推广不可忽视的热点主题之一，同时大数据也将为图书馆阅读推广带来划时代的变革。

## 迈进大数据时代的门槛

2011年5月，麦肯锡咨询公司发布题为《大数据，创新、竞争和生产力的另一个前沿》的报告，首次提出"大数据时代"这一概念，引发各界对大数据的重视和研究。尽管目前关于大数据的定义各有差异，但总体看，大数据具有如下特征：一是数据容量大，但是这个"大"尚无统一的标准；二是数据类型多样化，主要包括结构化、半结构化和非结构化数据，非结构化数据越来越成为数据的主要部分，且该类数据呈现出无序性，较为复杂、处理难度大的特点；三是流转速度快，

大数据的应用有较强的时效性,处于高速流转之中;四是价值密度低,在大数据的海量信息中实际可用的数据可能只有很小一部分;五是处理难度大,目前人们对大数据的了解还比较初级,用到的管理和分析手段也比较落后和局限,还停留在十几甚至几十年前。

由于一些关键技术尚未攻克,人们所热议的大数据,在很大程度上还只是数据而已。因此,还不能说大数据时代已经到来,它只是启动了,或者说人们感觉它正在到来。美国作为全球首个将大数据从商业行为上升到国家意志和国家战略的国家,也是最早启动大数据人才储备的国家,目前也只是向着利用大数据技术实现多领域突破的愿景靠近了一步。

当然,任何新事物的发展都需要一个过程,大数据的未业是值得期待的。随着数据采集手段的革新、数据分析处理方法的突破和计算机以及网络技术的快速发展,未来的大数据将可以运用在方方面面,包括运用在图书馆和图书馆阅读推广之中。图书馆具有丰富的结构化和非结构化数据基础,馆员需要树立大数据思维,积极从数据入手变革阅读推广的样貌,为大数据时代的到来做好准备。

# 第十一章　未来正来，将至正至：大数据时代的阅读推广

## 大数据背景下的图书馆阅读推广反思

在大数据到来的过程中，图书馆应积极培育数据思维，提高数据应用能力，但目前这方面还存在很多亟待解决的问题。

其一，图书馆阅读推广尚缺乏针对性和精确性。相较于图书馆传统服务，阅读推广具有主动性的特征，但有时并未结合读者的需求，或者只是主观臆测读者需求，具有很大的盲目性，缺乏针对性和精确性，策划和宣传推出以后处于等待读者选择的被动状态。如何突破活动对阅读推广的局限，发挥大数据的作用以提高阅读推广的针对性和有效性，是需要思考的问题之一。

其二，图书馆阅读推广把新媒体用成"旧媒体"。许多图书馆已经有意识地运用微博、微信公众号、客户端等新媒体进行阅读推广，但基本上只是把新媒体当作公告栏用。信息的单向传递依然如故，对新媒体的互动性特征视而不见，这必然影响读者对于图书馆阅读推广的黏度。如何通过大数据技术增强图书馆与读者的互动，为阅读推广注入新的动力，是需要思考的问题之二。

其三，图书馆阅读推广较少兼顾纸质资源和数字资源。近年来关于纸质书和电子书的争论不绝于耳，有人认为纸质

书行将消亡,有人认为纸质书和电子书会共存。无论未来最终会怎样,数字阅读的发展已经成为不可阻挡的潮流。常规的图书馆阅读推广多从纸质资源入手,而馆藏中地位日益凸显的数字资源却没有得到应有的重视。如何转变固有观念,利用数据发掘数字资源的阅读推广价值,是需要思考的问题之三。

其四,阅读推广活动有一定的短时效应,但缺乏长效机制。不可否认,读者参加讲座、展览、读书会以及其他形形色色的阅读推广活动,对于增加知识信息、提高阅读意识能够起到一定的作用。但是究竟有多少读者能够在图书馆阅读推广活动的影响下真正开始深度阅读并且持之以恒呢?如何利用大数据评价和衡量阅读推广活动对于读者阅读习惯的养成和社会阅读环境的改善所起到的作用,是需要思考的问题之四。

其五,图书馆阅读推广所倡导的深度阅读与大众"碎片式"阅读需求之间存在矛盾。"碎片式"阅读既是当今生活高速运转的反映,也是人们追求便利性、功利性、娱乐性的反映。在碎片化的时间里,面对海量的信息资源,人们热衷于通过网络搜索直接获取答案,省去思考的烦琐过程。无论用一个星期读一本书,还是用两个小时听一场讲座,人们拿出这样

# 第十一章 未来正来，将至正至：大数据时代的阅读推广

整块的时间都是一种"奢侈"。如何运用大数据实现阅读推广的精准投放，使读者乐于利用碎片时间去进行深度阅读，是需要思考的问题之五。

## 大数据对于图书馆阅读推广的作用

在图书馆阅读推广中，大数据的运用将起到多方面的作用。

其一，以大数据作为馆藏建设的依据。图书馆拥有大量结构化、半结构化、非结构化的数据，例如读者信息数据、读者行为数据、读者服务数据、馆藏文献数据、文献利用数据、数据库访问数据，等等。通过掌握利用率较高的文献信息资源，为文献采访、数据库建设提供依据，从而优化馆藏结构，保障馆藏资源质量，支持阅读推广。

其二，通过大数据了解、满足读者阅读需求。对上述数据进行挖掘、整合、分析，构建读者与知识信息资源之间的关联，可以了解读者的个性化阅读需求、阅读习惯和阅读倾向，为读者提供针对性的定制服务，提高阅读推广的精准性和有效性。

其三，培养大数据思维，综合推进阅读推广。大数据不等于"数据大"，无论数据的体量有多大，都必须通过数据

的融合才能发挥出相应的价值。大数据的复杂性导致了大数据思维的非线性相关性，因此图书馆应注重阅读推广各要素数据之间的相互联系与融合。同时，图书馆还要注重与社会上其他机构的数据联系与融合。只有打通数据壁垒，连接数据"孤岛"，才能综合推进阅读推广，建立常态化的阅读推广机制和完整的阅读推广体系。

其四，借助大数据与新媒体之间相辅相成的关系促进阅读推广。新媒体使每一个使用者自身都成为媒体，人人都可以是信息的生产者，人人也都可以是信息的评论者和传播者，因此产生的大量用户数据和用户行为数据，成为进行大数据分析的基础。大数据已成为新媒体的核心资源，不仅是媒体发布和传播的海量信息，也是媒体统计和分析受众心理、需求以及行为习惯等的重要依据。当读者作为新媒体的使用者时，图书馆分析、解读读者的新媒体数据，就可以深入探索为读者提供个性化服务的新媒体运营方式。大数据与新媒体之间是相辅相成的关系。具体到图书馆阅读推广而言，新媒体的功能属性可以对图书馆阅读推广进行解读以及分析预判；而"大数据"能通过挖掘、分析和使用数据，得到全面的阅读推广信息并对其进行深入的了解。

# 第十一章 未来正来，将至正至：大数据时代的阅读推广

## 大数据时代对图书馆人阅读推广的考验

在大数据时代到来的过程中，图书馆人也面临着新的考验。

其一，信息安全与个人隐私。大数据技术的应用使信息安全、个人隐私和公民权益面临严重威胁，大数据资源开放和共享的诉求与个人隐私保护存在天然矛盾。大数据时代无所不在的数据收集技术、专业多样的数据处理技术，使用户无力确保自己的个人信息被合理收集、使用与清除。图书馆坚守"以人为本"的理念，致力于为所有读者提供平等服务，如何在阅读推广中充分运用大数据并保持职业操守，是对图书馆人的考验。

其二，培养大数据人才。大数据人才的培养是系统性的、总体性的、预判性的。大数据不是一个单一的学科，未来图书馆的大数据人才应该掌握大量的知识和信息，例如要懂计算机技术、图书馆学、阅读推广，还要懂一些数学，甚至懂哲学，要有思想，也要懂社会。如果达不到这些标准的话，就不可能成为合格的大数据人才。

# 第十二章　图书馆阅读推广的一个趋势：部门边界消弭

2016年11月，在国家图书馆培训中心举办的"开启未来新形态——图书馆创客研习营"上朱祖希先生做了发言，作为专家型阅读推广人他向学员阐述了自己对图书馆阅读推广的理解。之后笔者做了题为"一本书的图书馆之旅"的分享，内容是以朱祖希先生的著作《营国匠意——古都北京的规划建设及其文化渊源》在国家图书馆的"旅程"为线索，将文津图书奖、展览、讲座、讲座联盟、阅读之旅、图书漂流、网络公开课、地铁图书馆等阅读推广项目贯穿起来，总结图书馆阅读推广的经验，为研习营学员在阅读推广方面的创新提供一些思路。在准备发言材料的时候笔者对图书馆阅读推广的一个趋势感触很深，那就是部门边界的消弭。阅读推广不再集中于个别部门，越来越多的部门投入到阅读推广之中，图书馆阅读推广发展到了一个新的阶段。

# 第十二章　图书馆阅读推广的一个趋势：部门边界消弭

## 图书馆越来越多的部门投入到阅读推广中

2004年图书馆人首倡"全民阅读"，阅读推广在业界得到了更多的重视。2006年国家图书馆成立社会教育部（时称文化教育培训部），配置优质资源和专门人员，集中力量开展社会教育与阅读推广业务，逐渐将讲座、展览、培训等业务纳入其中。很多地方馆应声而动，对阅读推广资源进行整合归口，其中一些馆也成立了专门负责社会教育与阅读推广工作的部门。此后十几年间，阅读推广从图书馆的延伸业务逐渐发展成为核心业务之一，这使得越来越多的部门已不可能再置身阅读推广之外，或直接开展阅读推广服务，或在业务上与阅读推广有了更多交集，并且呈现出常态化的趋势，各部门之间在阅读推广方面的边界逐渐消弭，图书馆阅读推广开启了新的发展阶段。

目前，国家图书馆以阅读推广为常规工作的部门有社会教育部、展览部以及古籍馆、立法决策服务部、典藏阅览部、信息技术部、数字资源部等部门的部分科组或岗位，而其他部门也不同程度地参与到阅读推广之中，这主要体现在以下阅读推广项目中。

其一，讲座。讲座是国家图书馆有最多部门长期开展的阅读推广项目，而且近年来开展讲座服务的部门还在陆续增加。目前有社会教育部讲座组，古籍馆经典文化推广组、善本组，立法决策服务部部级领导干部历史文化讲座组，展览部讲解服务组，典藏阅览部少年儿童服务组、数字资源服务组、音像制品和电子出版物典藏阅览组，国图艺术中心等。

国家图书馆目前的讲座品牌有社会教育部的"国图讲坛""文津读书沙龙"，古籍馆的"文津讲坛""中国典籍与文化"，立法决策服务部的"部级领导干部历史文化讲座"，典藏阅览部的"文津少儿讲坛""老年课堂"，展览部的"国家典籍博物馆系列讲座"，国图艺术中心的公益讲座等。2014年、2015年、2016年国家图书馆讲座总场次分别为288场、343场、542场，增幅明显。表12-1为2010年至2016年部分部门举办讲座场次的数据[①]。

---

① 数据来源：《国家图书馆年鉴》（2011—2017）。

## 第十二章 图书馆阅读推广的一个趋势：部门边界消弭

表 12-1

| 时间<br>部门 | 2010年 | 2011年 | 2012年 | 2013年 | 2014年 | 2015年 | 2016年 |
|---|---|---|---|---|---|---|---|
| 社会教育部（国图讲坛、文津读书沙龙） | 169 | 111 | 132 | 130 | 130 | 147 | 167 |
| 古籍馆（文津讲坛、中国典籍与文化系列讲座） | 51 | 57 | 73 | 71 | 62 | 64 | 65 |
| 立法决策服务部（部级领导干部历史文化讲座） | 20 | 17 | 13 | 13 | 13 | 12 | 13 |
| 典藏阅览部（文津少儿讲坛） | 无 | 10 | 18 | 14 | 12 | 11 | 10 |
| 展览部（国家典籍博物馆系列讲座） | 无 | 无 | 无 | 无 | 13 | 15 | 33 |
| 合计 | 240 | 195 | 240 | 228 | 230 | 249 | 288 |

其二，展览。2013年为筹备国家典籍博物馆开馆成立了展览部，社会教育部撤销展览组，其职责和人员划归展览部。展览部依托国家典籍博物馆成为开展阅读推广的另一个重要阵地，"以不断变化的展览主题和展示品，以读书沙龙、读书班，古籍特藏鉴赏雅集，古籍工艺、装帧艺术DIY为典籍

博物馆拓展服务,让更多的观众走进典籍,开始读书之旅,意义重大"①。同时,展览部配合展览举办相关主题讲座,"与正在进行的典籍历史、金石拓片、敦煌遗书等展览主题交叉融合,让参观者从不同的视角、不同的方式来理解中国的典籍之美"②。

除了展览部之外,国家图书馆策划举办展览的部门还有古籍馆、社会教育部、典藏阅览部、立法决策服务部等。

其三,书目推荐。书目推荐是最为直接、有效的阅读推广方式之一,有助于读者从浩如烟海的图书中快捷地选出自己所需要所喜爱的作品。我国图书馆界影响力最大、公信力最强的书目推荐品牌项目当属国家图书馆的"文津图书奖",其获奖图书不仅代表了国内出版业的最高水平,更代表了国家所倡导的大众阅读理念③。"文津图书奖"创办于2004年,至今已举办13届。自2011年第七届起由社会教育部承担秘书处职责,负责评选与推广的组织工作。经过十余年的发展,

---

① 陈红彦:《对国家典籍博物馆职能定位的思考》,《国家图书馆学刊》,2013年第4期。
② 《国家典籍博物馆让古籍里的文字活起来》,《人民日报》(海外版),2015年11月7日,http://paper.people.com.cn/rmrbhwb/html/2015-11/07/content_1630441.htm。
③ 王余光:《图书馆阅读推广研究》,朝华出版社,2015年,第169—170页。

## 第十二章　图书馆阅读推广的一个趋势：部门边界消弭

"文津图书奖"已经形成一套较为完备的业务流程，第十二届"文津图书奖"的全国联合评审图书馆及联合推广图书馆已经达到158家，参与第十三届"文津图书奖"的图书馆数量正在持续增加。社会教育部讲座组除负责评选的组织工作外，还承担每届"文津图书奖"评选结果发布活动、全国巡展、读书沙龙等一系列工作，摄编组以获奖图书馆为基础录制"国图公开课·读书推荐"节目，获奖图书展览则由展览部负责。

同时，其他部门也开展书目推荐，例如立法决策服务部面向领导干部编制推荐书目，2016年为国务院办公厅编制了《新书推荐》。典藏阅览部多个科组开展新书推荐和主题图书推荐，少年儿童服务组编制《绘本100》优秀图画书书目、《一年级小学生阅读指导手册》等。这些书目为全民阅读、亲子阅读、家庭藏书等提供了广泛指导。

其四，其他阅读推广服务。在以上阅读推广项目之外，国家图书馆多个部门还根据各自优势和实际需要开展多种多样的阅读推广活动，例如社会教育部录制"国图公开课"，开展"图书漂流"活动，运营"M地铁·图书馆"，举办社会培训等；典藏阅览部举办"少年馆员培养计划""中国原创图画书论坛""周末故事会"等；参考咨询部组织"每日课堂"读者培训；自 2004 年以来每年"世界读书日"国家图书馆都会举办主题活动，有时由多个部门共同参与举办一场大型活动，有时则在这一天由多个部门各自举办不同活动。在新媒体的运营方面，除了国家图书馆官方微博、微信公众号、客户端之外，许多部门也通过各自运营的微博和微信公众号进行阅读推广，并且取得了很好的效果。

## 多部门开展阅读推广的条件

国家图书馆之所以出现多部门积极投入开展阅读推广服务的局面，原因在于图书馆事业的全面发展、服务理念的与时俱进、资源的合理配置以及以下客观条件：

其一，文献资源。国家图书馆拥有的丰富的馆藏是开展阅读推广的资源优势，不同类型的文献为各部门开展阅读推广提供了的条件。"弘扬中华民族的优秀文化传统，就应该让老百姓，尤其是孩子们亲眼目睹感受一下这些典籍。网上看与现场看感觉还是很不一样的。原物就是原物，网络、视频替代不了。"[1]古籍馆和展览部紧紧围绕珍贵古籍善本开展阅

---

[1] 李克强：《一个国家养成全民阅读习惯非常重要》，中国政府网，2017年4月22日，http://www.gov.cn/xinwen/2017-04/22/content_5188228.htm。

## 第十二章 图书馆阅读推广的一个趋势：部门边界消弭

读推广，其特征在于"珍贵"和"经典"。图书借阅是图书馆最基本、最传统的服务方式，典藏阅览部以其管理的海量图书在借阅服务的基础上开展阅读推广服务，具有得天独厚的优势。

其二，馆舍条件。近年来，随着国家图书馆总馆北区的落成、南区改造工程的完工以及综合楼投入使用，更多的部门具备了开展阅读推广活动所需要的物理空间。2010年少年儿童图书馆开放，2014年国家典籍博物馆建成开放，2015年"国图公开课"演播室投入使用，2017年视听服务中心正式开放等，为阅读推广服务提供了优质的硬件条件。

其三，技术保障。阅读推广的发展在不断创新读者服务形式的同时，也对技术革新提出了更高的要求。大数据时代正在来临，新媒体阅读、手机阅读如火如荼，阅读推广必须适应读者新的阅读习惯、阅读方式。在数字资源部和信息技术部的技术支持下，"国图讲坛"已经实现了微信直播，画面、声音清晰流畅，读者不必到馆即可随时随地收看讲座、参与互动，彻底打破了时间和空间的局限。展览部在典籍博物馆的展厅中大量运用现代化展陈手段，实现了"让书写在古籍里的文字活起来"。社会教育部举办的"国图公开课"借鉴

MOOC形式，以互联网技术为读者创造了新的学习渠道和方式。适应新媒体的发展，国家图书馆的手机客户端、官方微博、微信公众号，为读者提供了更加便捷的服务，在互联网空间开辟了阅读推广的新阵地。

其四，人才优势。聂震宁先生在《阅读力》一书中指出国人阅读力弱化的问题[①]。在"碎片化阅读""浅阅读"当道的今天，从事阅读推广的图书馆人肩负起了更加重要的使命。面对经典文献，语言文字、知识背景隔膜造成的障碍愈发突出，读者需要来自权威机构和专业人员的阅读帮助，阅读推广能力已经成为馆员必备的基本素质。国家图书馆培养的专业阅读推广人，在工作中积累了丰富的经验，深谙前沿的阅读理念和方法，具有判断遴选优质图书的能力和策划组织阅读推广活动的能力。而不同部门的人才各有专长，为针对不同读者开展个性化的阅读推广服务准备了必要条件。

其五，合作渠道。阅读推广是一项社会系统工程，图书馆勇担重任的同时也不能缺少社会各界的通力合作。图书馆"或许直接开展推广工作，但更多的是通过项目、出版物以

---

① 聂震宁：《阅读力》，生活·读书·新知三联书店，2017年，第4—5页。

## 第十二章 图书馆阅读推广的一个趋势：部门边界消弭

及其他合作方式与其他机构的合作伙伴一起工作"[1]。在此方面，国家图书馆各部门各具优势，有些部门与出版界联系密切，有些部门与高校、科研院所、专家学者交往频繁，还有些部门则长期为政府机关提供服务。借助"外脑"的作用更加有利于了解国民阅读动向，掌握国民阅读需求，为各部门开展阅读推广打开了新思路、新局面。

## 关于多部门开展阅读推广的思考

多部门共同开展阅读推广既是图书馆事业发展的必然趋势，同时也提出了一些新的要求。

其一，各秉所长，协调管理。基于各自的资源优势，多部门已经打造出或正在打造阅读推广品牌项目。阅读推广呈现出蓬勃发展的局面，但同时也产生了一些新的问题。以国家图书馆讲座业务为例，多部门举办讲座的时间大都集中在周末两天，甚至同一时段，经常在时间安排上重合、交叉。有时甚至有三四个部门同时举办讲座，这当然为读者提供了

---

[1] 国际图书馆协会联合会：《在图书馆中用研究来促进识字与阅读：图书馆员指南》，https://www.ifla.org/files/assets/hq/publications/professional-report/131.pdf。

更多的选择，但也常常使读者患上"选择困难症"。"为什么同时举办这么多讲座"，这是身在阅读推广一线岗位的馆员被读者询问最多的问题之一。此外，各部门在讲座策划的过程中缺少沟通与协调，有时会在短时期内重复邀请同一位专家讲授类似的内容，这边刚刚"唱罢"，那边又已"登场"，在一定程度上造成重复建设和资源浪费。这就要求加强对各部门阅读推广项目的协调管理，节约集约利用资源，重视品牌项目的运营，确保阅读推广的可持续发展与效益最大化。

其二，通力合作，明确分工。规模越大的阅读推广项目越难以由某一个部门单独承担，例如文津图书奖的评选与推广虽由社会教育部牵头，却调动了国家图书馆大部分部门共同参与，包括中文采编部、典藏阅览部、数字资源部、信息技术部、展览部以及多个职能部门，可谓举全馆之力成就了这一知名的阅读推广品牌。缺少以上任何一个部门的参与和支持，都难以完成规模如此庞大的阅读推广项目。"文津经典诵读""国图公开课"等项目则由社会教育部与数字资源部、信息技术部共同合作打造，如果没有完善的分工合作，就没有这些项目的完美呈现。只有掌握文献资源、技术资源、人才资源、场地资源、合作资源、宣传资源等各种资源的各个

## 第十二章　图书馆阅读推广的一个趋势：部门边界消弭

部门通力合作，才能形成有效合力，打造与国家图书馆的社会公信力和影响力相适合的阅读推广品牌项目，才能不断提升品牌项目的知名度和美誉度，对全民阅读产生应有的推动力。

其三，创新服务，引领社会。图书馆阅读推广已经开展多年，但关于阅读推广的理论研究还存在很多空白，其实践仍旧处于探索之中。阅读推广从来都不是一成不变的，相反，它的变化发展之快总是超出人们的预料。随着公众素质的提高、需求的改变以及科技的进步，阅读推广必然会呈现出更新的面貌。国家图书馆各部门在阅读推广中打破壁垒、消弭边界将会进一步激发出馆员的创造力，打造出更多更具影响力的阅读推广项目，使国家图书馆在全民阅读的大潮中始终发挥引领和示范作用。

在阅读推广服务中出现部门边界消弭趋势的图书馆并非只有国家图书馆一家，类似情况在图书馆界也普遍存在，成为图书馆人必须面对的现实。不可否认，集中优势资源由专门的部门开展阅读推广曾对图书馆阅读推广的发展起到了重要作用。同样我们也必须看到，在阅读推广已经成为图书馆的核心业务之一的今天，大多数部门已然不可能完全置身其外。图书馆阅读推广由个别部门扩展到多部门，越来越多的图书馆员工投身其中，说明这项事业发展到了一个新的阶段。

# 后　记

写到这里，一本书的阅读之旅就要暂告段落了，但这并不是终点，相信在更多的图书馆人的努力下，每一部优秀的作品都将拥有更加精彩的旅程。

在我职业生涯开始的时候，正是图书馆人首倡"全民阅读"之时。十五年最好的时光，伴随"全民阅读"的成长而成长，是我的机缘也是我的荣幸。今天，通过这本小书记录下我从事阅读推广工作的一些思考和感悟，正当其时。

在此，我要感谢老馆长詹福瑞先生为本书慨然赐序。詹馆长以前瞻的眼光和创新的精神创立文津图书奖，为国家图书馆也为全社会增添了一个熠熠生辉的阅读推广品牌；他倡导学者走出书斋、走进社会，为阅读推广的发展增添了动力。而这些正是本书写作的缘起。感谢朱祖希先生创作了《营国匠意——古都北京的规划建设及其文化渊源》，由于这部著作本身的价值和魅力，以及朱祖希先生满腔热忱的支持，使得如此之多的阅读推广项目相互关联起来，也使本书具有了

## 后 记

贯穿始终的线索。感谢我的历任领导顾犇主任、卢海燕主任、曹宁主任、汤更生主任、王志庚主任，他们为我从事阅读推广提供了广阔的平台，并给予我支持和信任。感谢曾给予我指导的国图前辈们，他们以老国图人"传帮带"的方式毫无保留地教给我业务知识，以其自身所具备的职业精神和专业素养来严格要求我。感谢图书馆界同人对我工作的大力支持，大家协力将全国公共图书馆讲座联盟建设成为共同推进阅读推广事业的平台。感谢其他行业积极携手图书馆共同开展阅读推广的朋友们，出版界的厚艳芬老师、赖雪梅老师、吴琪老师、詹那达老师给予我许多工作上的支持和研究上的鼓励；京港地铁的李鹏曾协助我于2011年首次把阅读推广活动办到地铁里，又于2015年通过我向领导提出建设地铁图书馆的合作意向。特别感谢本书的责任编辑白彬彬博士，他不但为本书的出版付出辛苦，而且在阅读推广工作中也给予我极大的且专业的帮助。以上感谢的各位前辈、领导、专家都是优秀的阅读推广人，在此我要向各位致敬！

尽管我认真对待本书的写作，但纰漏之处仍恐难免，恳请专家、学者、同人与广大读者予以指正。

金龙